Augustin

Florilège des *Confessions*

Augustin

Florilège des *Confessions*

Texte établi, présenté et commenté
par **Louis-André Richard**

Les Presses de l'Université Laval

Les Presses de l'Université Laval reçoivent chaque année du Conseil des Arts du Canada et de la Société d'aide au développement des entreprises culturelles du Québec une aide financière pour l'ensemble de leur programme de publication.

Nous reconnaissons l'aide financière du gouvernement du Canada par l'entremise de son Programme d'aide au développement de l'industrie de l'édition (PADIÉ) pour nos activités d'édition.

BR
65
.A62
R52
2007

Illustration de la couverture : Musée de la civilisation, collection du Séminaire de Québec. *Saint Augustin.* Attribué à Antoine Plamondon. Entre 1825 et 1885. René Bouchard, photographe. N° 1991.3889

Maquette de couverture : Hélène Saillant

Mise en pages : Mariette Montambault

ISBN (13) 978-2-7637-8432-8

Distribution de livres Univers
845, rue Marie-Victorin
Saint-Nicolas (Québec)
Canada G7A 3S8
Tél. (418) 831-7474 ou 1 800 859-7474
Téléc. (418) 831-4021
www.pulaval.com

À Gérard Depardieu,
pour sa passion d'Augustin

À la mémoire d'André Mandouze
et de Jean-Mathieu Brisson

*Ce livre est une modeste contribution
à la diffusion de l'œuvre augustinienne.*

*Je tiens à exprimer ma gratitude
à mon épouse Claudine et à ma famille,
pour leur soutien de tous les instants.*

Avant-propos

Qu'est-ce qu'être un homme et comment faire pour devenir meilleur ? Questions éternelles, toujours urgentes ! Elles invitent à assumer l'humanité en nous. L'enjeu est de taille, il concerne les défis d'une vie bonne et d'une conquête du bonheur. Il propose un exercice de liberté : le refus de l'indifférence au profit du choix d'être vivant.

Ce travail réflexif implique un dialogue, la rencontre avec l'autre. De tout temps, cette méthode a été le fait des plus grands esprits. Que sont les *dialogues* de Platon, les *Essais* de Montaigne, les *Pensées* de Pascal ou les *aphorismes* de Nietzsche sinon des tentatives pour entrer en discussion avec les contemporains d'abord et ensuite avec la postérité des lecteurs ? Qui sont les auteurs de grands livres sinon des amis qui nous invitent à partager leur goût de comprendre ? La relation est désintéressée, dépouillée des affections fausses. On n'a pas à se préoccuper de ce que va dire notre interlocuteur : Lui ai-je plu ? M'a-t-il trouvé brillant ? N'ai-je pas manqué de tact ?… Dans la lecture, soutenait Marcel Proust, l'amitié est ramenée à sa pureté première et elle dispose à penser plus librement.

Les Confessions présentent un ami particulièrement digne d'estime. Augustin avait la passion de la sagesse. Par-delà les siècles, il reste notre contemporain ; sa pensée, riche et nuancée, conduit à une compréhension cohérente de la nature humaine et du mystère de la personne. Comme disait Symmaque, préfet de Milan à l'époque d'Augustin : « Ce n'est pas par un seul chemin que l'on peut parvenir à élucider un si grand mystère. » Sans doute y a-t-il autant de chemins que de chercheurs mais, dans la vie comme dans les voyages, ce sont les bons compagnons qui font les grandes et belles aventures.

La compagnie d'Augustin mérite d'être proposée au plus grand nombre de personnes possible. C'est pourquoi, des lectures publiques de morceaux choisis des *Confessions* sont organisées un peu partout à travers le monde[1]. La première a été entendue en Amérique le 23 novembre 2005, dans la basilique Notre-Dame de Montréal. Le livre publié aujourd'hui prolonge notre effort de diffusion de la pensée de ce grand esprit.

À l'origine de ces projets de rencontre avec Augustin, il y en a eu d'autres : celle de Gérard Depardieu avec Jean-Paul II, Paul Poupard et André Mandouze. La première a été décisive. Elle a provoqué le choc initial, elle a allumé un feu, celui de la passion pour le génie d'Augustin. Karol Wojtyla, homme de Dieu à la sensibilité d'artiste, a discerné dans l'âme de l'acteur de grandes affinités avec le penseur africain.

Avec André Mandouze, spécialiste reconnu d'Augustin, un travail d'approfondissement s'est opéré. Au fil des entretiens, la manière de redonner son oralité au texte a pris forme. Le dialogue entre les deux hommes a présidé au choix des extraits des *Confessions*, à l'ordre de leur présentation et à la rédaction de textes explicatifs requis pour l'intelligibilité du tout. Le projet de lectures publiques était établi selon le mode d'une dialectique entre un exégète et un interprète du verbe augustinien. La même dynamique a été reproduite ultérieurement entre le comédien et le cardinal Paul Poupard à Rome, le professeur Umberto Eco à Bologne ou le professeur Louis-André Richard à Montréal[2].

Plus qu'un spectacle, ces lectures se déploient dans une étroite connivence entre le discours explicatif du professeur et l'interprétation de l'acteur. Ce dernier met son talent au service du texte pour offrir au public la chance de sentir la musique des mots et l'harmonie des phrases qui touchent le cœur et l'âme. Le professeur, pour sa part, cherche à travers son enseignement à actualiser la réflexion augustinienne autour des questions fondamentales sur la condition humaine et sur Dieu. Mais, chose essentielle, les deux protagonistes sont animés par la connaissance et l'amour de l'œuvre d'Augustin.

Plus que la représentation théâtrale dont elle est l'objet, plus que la voix qu'on lui prête, la parole d'Augustin retentit en des temps et des endroits différents. Cette parole vivante, manifestant le parcours d'un homme qui a vécu, douté, lutté et s'est libéré, résonne dans un lieu célébrant la beauté, en disposant à l'élévation de l'âme.

Ce fut le cas notamment à Notre-Dame de Paris, à la cathédrale de Bordeaux, à celle de Strasbourg, à l'oratoire protestant du Louvre, au théâtre de Marc Aurèle à Athènes, au *teatro argentina* de Rome ou à l'*Aula magna* Sainte-Lucie de l'Université de Bologne. À Montréal, dans un temple particulièrement inspirant, les deux épisodes marquant des moments importants de la vie d'Augustin – celui de sa conversion morale dans un jardin milanais et celui du dialogue contemplatif avec sa mère au port d'Ostie – ont résonné du haut de la chaire, offrant à l'assistance une prestation des plus saisissantes.

Ainsi les porteurs de mots deviennent des passeurs de sens. Ils tentent de favoriser «la traversée de frontières entre le banal et l'essentiel, le quotidien et le sublime, la vie matérielle et la vie de l'esprit[3].» Qu'attendons-nous des auditeurs de l'autre côté de cette frontière? Rien de préconçu, sinon l'espoir d'une réponse à une parole vivante. Les textes d'Augustin étonnent par la modernité du ton, ils émeuvent par leur poésie. L'événement d'une lecture publique incite à une lecture personnelle.

L'expérience des lecteurs confirmera en eux, nous l'espérons, les propos de Macedonius, vicaire d'Afrique, qui, peu après avoir lu les premières parties de *La Cité de Dieu*, a écrit à son auteur. Nous joignons ici nos voix à la sienne: «J'ai dévoré tes livres, car ce ne sont pas des écrits froids et ennuyants qui pouvaient me permettre de penser à autre chose; ils m'ont saisi, m'ont arraché à toute autre affaire et m'ont tellement enchaîné que, je ne sais ce qui me paraît le plus admirable en eux, ou de la perfection du dévouement, ou de la connaissance de la philosophie, ou d'une science parfaite de l'histoire, ou des charmes de l'éloquence. Cette dernière a tant d'attraits, qu'on ne peut quitter cet ouvrage avant de l'avoir lu et qu'on y revient lors même qu'on l'a déjà parcouru[4].»

Pénétrer l'univers d'Augustin, c'est puiser aux sources de la philosophie, de la foi au Christ et de l'histoire, des connaissances anthropologiques susceptibles de favoriser une compréhension profonde de l'homme. Notre culture contemporaine est constamment menacée de perdre l'héritage précieux de la conscience de ses origines, ce qui a fait dire à Paul Valéry:

> S'il n'y avait au monde que cinq ou six personnes qui eussent le don du souvenir, comme il en est qui ont des visions surnaturelles et des perceptions extraordinaires, on dirait d'elles: «Voici des êtres admirables en qui réside ce qui fut. Ils nous expliquent tant de choses autour de

nous qui n'ont point d'utilité actuelle. Ils nous enseignent ce que nous fûmes, et donc ce que nous sommes […]» Ces voyants seraient mis au-dessus des prophètes, et la pure mémoire au-dessus du plus grand génie. Une amnésie générale changerait les valeurs du monde intellectuel. Il deviendrait patent qu'il est plus prodigieux de reproduire que de produire[5].

Nous vous convions en définitive à reproduire l'acte de réfléchir en compagnie d'Augustin et d'accueillir le don du souvenir des sources qui nous ont façonnés.

Gérard Depardieu
et Louis-André Richard

Les Confessions

Florilège

Le dialogue avec Dieu
Les Confessions, I, 1 (1) à 5 (5)

Les grands cépages produisent les grands vins, tout comme les esprits d'exception écrivent les grands livres. Augustin, fils de l'Afrique du Nord, est un de ces hommes hors du commun qui a légué à l'humanité un des meilleurs crus littéraires de l'histoire. Il est difficile de dire par quelle mystérieuse chimie le verbe augustinien exerce son attraction sur ceux qui y goûtent. Force est de constater que les siècles n'ont rien changé à l'affaire, *Les Confessions* continuent de parler aux cœurs et aux intelligences des lecteurs. Ce texte est à la fois simple et complexe, clair et obscur, franc et subtil. Son contenu touche la sensibilité de tous et comble l'esprit des plus doctes pour peu que le lecteur se laisse interpeller par le récit de la vie de son auteur dans lequel est cristallisé l'essentiel de la vie de tout homme. Comme le dit bien Serge Lancel : « Le propre du génie est de pouvoir plaire au plus grand nombre, en réservant à quelques-uns le privilège d'en jouir à la plus fine pointe de lui-même[6]. » Le livre contient des trésors de philosophie, de sagesse et de foi. Il est serti des plus beaux ornements de l'éloquence. Il est un miroir de l'âme humaine.

Le talent d'orateur, l'application studieuse à la recherche de la vérité ainsi que le vif désir de partager la foi reçue sont sûrement responsables du génie des *Confessions*. Voilà pourquoi tellement d'hommes et de femmes illustres ont témoigné de leur influence. De Thomas d'Aquin à sainte Thérèse d'Avila, en passant par Galilée, on trouve des traces de la pensée et de cette vitalité entraînante propre à l'évêque d'Hippone. Quand on lit Montaigne, Descartes et surtout Pascal, on ne manque pas de sentir sa présence. Les célèbres réflexions au sujet du temps ou de l'amour ont été pour plusieurs philosophes contemporains, dont Martin Heidegger et Anna Arendt, le déclencheur des recherches de toute leur vie. Albert Camus a consacré sa thèse de licence en philosophie au rapport entre le néoplatonisme et la pensée chrétienne. Enfant d'Afrique comme Augustin, il a toujours reconnu son influence, bien qu'il ne partageait pas sa foi. De plus, comment ne pas comprendre Pétrarque d'avoir toujours sur lui un exemplaire des *Confessions* ? Il raconte que, lors d'une ascension du mont Ventoux, il a ouvert le livre au hasard pour y lire : « Les hommes s'en vont admirer la hauteur des montagnes, les grandes agitations de la mer, le vaste cours des fleuves, la circon-férence de l'océan, les évolutions des astres et ils s'oublient eux-mêmes. » Cette concordance étonnante entre l'événement ponctuel de la vie du poète et le contenu de la réflexion livrée à sa lecture des *Confessions* a engendré dans le cœur de l'auteur du Canzoniere un vif désir de recherche et de méditation qui ne l'a plus jamais quitté[7]. Que dire enfin de Gérard Depardieu qui, depuis le début du nouveau millénaire, a commencé à sillonner la planète pour redonner leur oralité aux *Confessions* et permettre ainsi d'apprécier le chef-d'œuvre à sa pleine valeur.

Le présent florilège[8] souligne les grandes étapes de la quête de sagesse d'Augustin, une quête traduisant le désir de son cœur de poursuivre Dieu avec acharnement pour le connaître et l'aimer, pour l'aimer et le connaître, pour enfin reconnaître à quel point il a été aimé par Lui. Cet itinéraire, Augustin le communique sous forme d'un dialogue où il interpelle Dieu directement avec une force et une verve dont on perçoit l'intensité dès le premier livre.

Les Confessions, I, 1 (1) à 5 (5)

Tu es grand, Seigneur, infiniment digne de louange ; grande est ta puissance et il n'est rien pour mesurer ta sagesse. C'est toi que l'homme veut louer, lui qui n'est qu'une infime partie de ta création, enserré par sa condition mortelle et portant toujours en lui-même le témoignage désolant de son péché et aussi celui que toi, mon Dieu, tu résistes aux superbes! Et pourtant, il aspire à ta louange, l'homme, infime partie de ta création! Tu nous as fait semblables à toi, car notre cœur est sans repos tant qu'en toi, il ne repose. Donne-moi, Seigneur, de discerner et de comprendre si la chose première est de t'invoquer ou de te louer, ou encore, si c'est d'abord te connaître pour ensuite t'invoquer. Mais est-il possible de t'invoquer sans déjà te connaître? Ne risque-t-on pas d'invoquer un autre que toi par ignorance? Ou plutôt ne t'invoque-t-on pas pour te connaître? «Mais est-ce possible, sans croire? Et comment croire, sans prédication? Et ils loueront le Seigneur, ceux qui le cherchent.» Car le cherchant, ils le trouveront et le trouvant, ils le loueront. Que je te cherche Seigneur, en t'invoquant, et que je t'invoque en croyant en toi; car tu nous as été annoncé. Ma foi t'invoque, Seigneur, cette foi que tu m'as donnée, que tu m'as inspirée par l'humanité de ton Fils, par le ministère de ton Annonciateur.

Et comment invoquerai-je Dieu, mon Dieu et Seigneur? Car l'invoquer, c'est l'appeler en moi. Et quel espace se déploie en moi, pour qu'en moi vienne mon Dieu, lui qui a fait le ciel et la terre? Quoi! Seigneur mon Dieu, est-il en moi un espace pour te contenir? Mais le ciel et la terre que tu as faits, et en qui tu m'as façonné, résides-tu en eux? Ou, du fait que sans toi rien ne peut être, s'ensuit-il que tout ce qui est peut te contenir? Donc, puisque je suis, comment te demander de venir en moi, moi, qui ne peux être sans que, Toi, tu sois en moi? Je ne suis pas encore allé au séjour des morts, et pourtant, même là, tu es: «Car si je descends en enfer, là je te trouve.» Je ne serais donc pas, mon Dieu, je ne serais pas du tout si tu n'étais en moi. Que dis-je? je ne serais pas si je n'étais en toi, «de qui, par qui et en qui toutes choses sont». C'est ainsi, Seigneur, c'est bien ainsi. D'où puis-je t'appeler, puisque je suis en toi? Ou encore, de quel endroit pourrais-tu venir en moi ? Car où me retirer hors du ciel et de la terre, pour que de là vienne en moi mon Dieu qui a dit : « C'est moi qui remplis le ciel et la terre ! » ?

Es-tu donc contenu par le ciel et la terre, parce que tu les remplis ? Ou les remplis-tu et en reste-t-il encore quelque chose qui ne te contienne pas ? Où contiens-tu, hors du ciel et de la terre, le trop-plein de ton être ? Mais as-tu besoin d'être contenu, toi qui contiens tout, puisque tu n'emplis qu'en contenant ? Les vases qui sont pleins de toi ne te donnent pas une forme stable ; car s'ils se brisent, tu ne te répands pas ; lorsque tu te répands sur nous, tu ne tombes pas, mais tu nous élèves ; et tu ne t'écoules pas, mais tu recueilles. Remplissant tout, est-ce de toi tout entier que tu remplis toutes choses ? Ou bien, toute chose ne pouvant te contenir, contient-elle une partie de toi, et toute chose en même temps cette même partie ? Ou bien chaque chose selon sa taille te contient-elle selon sa mesure ; les plus grands, davantage ; les moindres, moins ? Y a-t-il donc en toi, du plus et du moins ? Ou plutôt n'es-tu pas tout entier partout et nulle part contenu tout entier ?

Qu'es-tu donc, Dieu ? Qu'es-tu, sinon le Seigneur Dieu ? « Car quel autre Seigneur que le Seigneur, quel autre Dieu que notre Dieu ? » Ô très haut, très bon, très puissant, tout-puissant, très miséricordieux et très juste, très caché et très présent, très beau et très fort, stable et incompréhensible, immuable et muant tout, jamais nouveau, jamais ancien, renouvelant tout et conduisant à leur insu les orgueilleux au dépérissement, toujours en action, toujours en repos, amassant sans besoin, tu portes, combles et protèges ; tu crées, nourris et perfectionnes, cherchant alors que rien ne manque ! Ton amour est sans violence ; ta jalousie sans inquiétude ; ta miséricorde, sans douleur ; ta colère, sans trouble ; tes œuvres changent, tes conseils ne changent pas. Tu reçois ce que tu trouves et n'as jamais perdu. Jamais pauvre, tu aimes le bénéfice ; jamais avare, et tu exiges des profits. On te donne en surplus pour te rendre débiteur ; et qu'avons-nous qui ne soit tien ? Tu rends sans devoir ; en payant, tu donnes et ne perds rien. Et qu'ai-je dit, mon Dieu, ma vie, mon pur délice ? Que dit-on de toi en parlant de toi ? Malheur à qui se tait sur toi ! Car sa parole est muette.

Qui me donnera de me reposer en toi ? Qui te fera descendre en mon cœur ? Quand trouverai-je l'oubli de mes maux dans l'ivresse de ta présence, dans le charme de tes étreintes, ô mon seul bien ? Quand auras-tu pitié de moi pour délier ma langue ? Que suis-je pour que tu m'ordonnes de t'aimer, et, si je désobéis, que ta colère s'allume contre moi et me menace de grandes misères ? Mais est-ce donc une petite misère que de ne pas t'aimer ? Ah ! Dis-moi, au nom de ta miséricorde, Seigneur mon Dieu, dis-moi ce que tu es par rapport à moi, dis à mon âme : « Je suis ton salut. » Parle haut, que j'entende. L'oreille de mon cœur est devant toi, Seigneur ; ouvre-la, et dis à mon âme : « Je suis ton salut. » Fais que je cherche cette voix, et que je m'attache à toi ! Ne me voile pas ta face. Que je meure à moi-même pour la voir ! Que je meure pour vivre de sa vue !

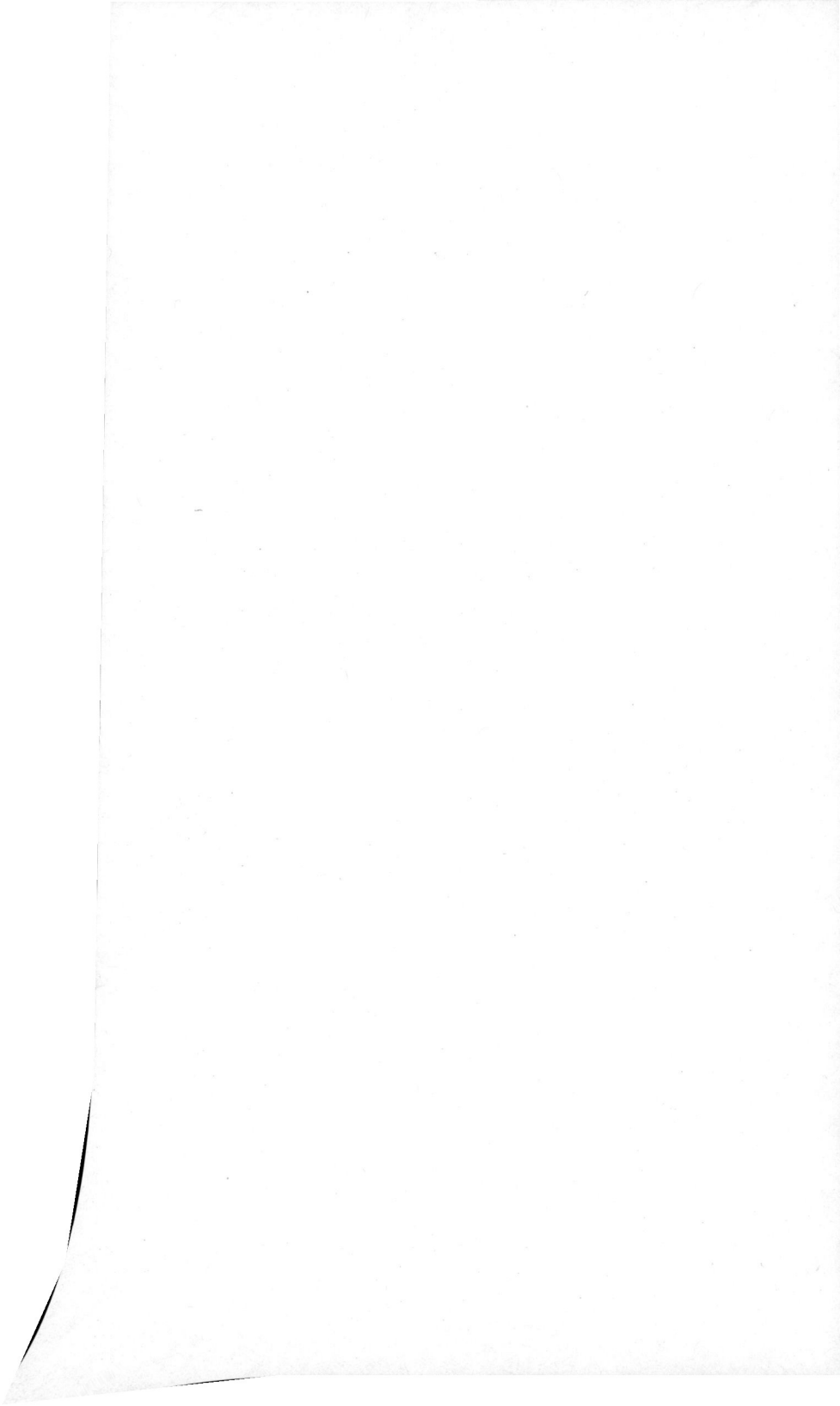

Le vol des poires

Les Confessions, II, 4 (9) à 10 (18)

Augustin convie à le suivre pour «saisir», à son tour, ce Dieu qui se laisse trouver par celui qui le cherche. Mais l'histoire de son existence, dont témoignent ses récits autobiographiques, conduit à des réflexions particulièrement intéressantes sur la condition humaine et sur les fondements de l'agir humain.

La première conversion du jeune étudiant carthaginois a été philosophique : c'est le retournement de l'intelligence. L'*Hortensius* de Cicéron a entraîné Augustin loin au-dessus d'une simple recherche de persuasion par la séduction du langage. Ainsi, du livre III au livre VIII des *Confessions*, on découvre la place que la philosophie a occupée dans son cheminement personnel. Devenu disciple de Socrate et de Platon, toute son œuvre est empreinte de cette filiation. Il a repris à son compte la maxime inscrite à Delphes : «Connais-toi toi-même», pour dévoiler l'humanité dans l'homme. Il s'y est appliqué consciencieusement. C'est pourquoi le récit des événements de sa vie donne toujours prétexte à dégager des caractéristiques universelles et des lois qui embrassent tout le genre humain.

L'autobiographie d'Augustin s'adonne à un examen critique de la nature et de la condition humaine, cette nature et cette condition aux limites si mal connues. Ainsi dans son traité *De l'Ordre*, il pointe du doigt la principale cause des erreurs de jugement en affirmant que : «l'homme est inconnu de lui-même[9]». Il suggère que cette maladie de l'âme se développe et s'aggrave «par des opinions que le cours de la vie nous inflige». Contre cette ignorance pernicieuse, une pratique assidue de la réflexion solitaire et « l'étude des disciplines libérales[10] » sont les cures appropriées.

Comme Socrate, Augustin a placé l'homme au centre de ses préoccupations philosophiques. Comme lui, il a combattu l'ignorance pour disposer ses interlocuteurs à chercher le vrai, le bien et le beau. Il a employé toute la finesse de son éloquence à persuader l'homme de son indigence première et il pensait qu'il ne peut y avoir de progrès possible dans la vie sans une conscience humble de ses incapacités et de ses manques. À ses yeux, aucun pessimisme dans cette lucidité, mais, au contraire, il croyait apercevoir là une condition *sine qua non* pour une existence pleinement assumée et vraiment épanouissante[11]. C'est ce que Soljenitsyne a saisi dans son goulag : « Connais-toi toi-même ! Rien ne favorise autant l'éveil de l'esprit de compréhension que les réflexions lancinantes sur nos propres crimes, nos fautes, nos erreurs[12]. » Ainsi, il est très impressionnant d'apprécier la manière dont Augustin s'y prend pour aiguillonner son lecteur et susciter chez lui cette introspection.

À cette fin, Augustin use de moyens originaux et variés. Ainsi, peut-être le mouvement de sa prose incline-t-il à penser que ses propos seraient truffés de morosité. Certains quittent vite sa fréquentation sous prétexte qu'il met trop de zèle à s'accuser de tout et de rien, lui reprochant même d'être dépressif. Sa dialectique oscille entre l'inventaire de fautes, pour lesquelles il affirme être seul responsable et d'œuvres bonnes, imputées directement et exclusivement à la grâce divine. Nos contemporains, habitués à une insistance sur l'estime positive de soi-même et à tabler sur le renforcement psychologique issu de la reconnaissance de réalisations personnelles, se sentent bousculés dans leur sensibilité.

Mais qui y prête attention observe chez Augustin non un individu marqué par l'amertume, mais plutôt un intellectuel engagé et un homme d'action accompli. Augustin a connu l'amour humain et il a goûté aux joies de la paternité. Il a été comblé d'amis de qualité et a exercé le ministère épiscopal avec générosité. Voilà le paradoxe : un homme qui semble s'être oublié complètement a accompli des choses admirables. À tout prendre, son comportement révèle les traits d'un homme pleinement investi dans la vie de la cité : celle de Dieu, tout comme celle des hommes. C'est pourquoi il faut suspendre son jugement en abordant la lecture avec une disposition favorable. Nous l'entendrons dire alors : « Qu'il songe à cela, le lecteur pressé d'en finir avec moi ! Qu'il s'arrête et entre en lui-même, peut-être découvrira-t-il une solution à ce paradoxe ? »

L'épisode du vol des poires illustre bien la prose déconcertante d'Augustin. Voilà un exemple de réflexion à partir d'un événement anodin. À seize ans, l'adolescent de Thagaste part en expédition avec des compagnons et dérobe quelques poires dans une propriété du voisinage. Il n'avait pas faim ; de toute façon, les fruits dérobés n'ont nourri que des porcs. Une trentaine d'années plus tard, Augustin s'interroge : Comment expliquer ce comportement ? Il s'en scandalise et émet une hypothèse terrible : aurait-il commis le mal purement pour commettre le mal ? Il s'estime moralement pire que Catilina[13], qui, malgré l'horreur de ses actes, avait des raisons d'agir comme il le faisait. Il ne cherchait pas la gratuité dans le mal. Il était assassin, mais ce n'était pas le meurtre pour le meurtre qui le motivait ; ce qu'il voulait, c'est la position ou l'argent que le crime procurait. Voilà ! L'idée surprend qu'un jeune écervelé, voleur de poires, serait pire qu'un scélérat sans scrupule, voleur de vies !

En comparaison à l'ensemble de l'ouvrage, les développements consacrés à ce bref épisode de l'adolescence semblent démesurés. Cependant, le lecteur attentif prend, là, connaissance de l'anthropologie et de la morale d'Augustin. Il entend à nouveau : « Connais-toi toi-même et apprends que le meilleur comme le pire a sa source à l'intérieur de toi. » Le vol, le meurtre et toutes les formes d'injustice ayant leur racine dans l'âme, on est amené à saisir que la frontière séparant le bien du mal n'est pas entre les nations, mais en chaque homme. Cette frontière oscille tout au long de l'existence. Dans les cœurs les plus troubles, elle confine le bien dans ses derniers bastions. Dans les cœurs les plus purs, elle contient le mal sans jamais l'isoler complètement. En Catilina sommeille un saint, et dans le saint, un Catilina. Augustin, qui a fréquenté les manichéens, a corrigé leurs erreurs au contact de la philosophie et de la voie chrétienne en enseignant qu'il ne faut jamais désespérer de personne ni croire que la bonté est définitivement acquise à l'homme.

La prise de conscience qui permet de mesurer « de quelle profondeur il faut crier vers toi[14] » est la première phase de la démarche philosophique qu'il propose à ses lecteurs. Le ton qu'il donne à son récit et le traitement réservé au jugement de certains faits de sa vie, sont deux aspects illustrant l'originalité de sa « *maïeutique*[15] ». Le lecteur qui accepte l'inconfort du choc de ses « parades littéraires » pour questionner sa propre existence découvre le sens et la portée de sa pensée. En fait, Augustin veut montrer que nul ne peut lui jeter la pierre. On perçoit en filigrane de ses propos un argument selon lequel le vol est une disposition universelle de la condition humaine. Pour nous en convaincre, il insinue que ce problème doit être envisagé sous l'angle des dispositions à l'origine de petits larcins et non de crimes graves. Comme dit le proverbe : « Qui vole un œuf, vole un bœuf ». Je me souviens qu'en lisant ce récit pour la première fois, je me suis remémoré mes vols de pommes. En partageant cela avec d'autres, j'ai connu des voleurs de bonbons, de monnaies, de cigarettes, et j'en passe. Il y a même eu, comme l'avouait Jean-Jacques Rousseau en faisant sa propre confession, des voleurs de temps. Ces petites minutes dérobées au juste emploi du temps ne sont-elles pas une manière subtile de prendre ce qui ne nous appartient pas ? Le lecteur est invité à une introspection. Elle vise à établir une induction pour confirmer l'hypothèse selon laquelle l'immense majorité des êtres humains ont déjà volé au moins une fois dans leur vie.

Conformément au mouvement de la philosophie platonicienne, l'invitation au « connais-toi toi-même » ouvre sur une autre dimension. Après avoir pris conscience du manque, il est proposé de combler le vide. La démarche intellectuelle suggérée vise à centrer l'esprit sur l'essentiel, sur une recherche de l'unité contre les distractions de la dispersion : « L'esprit ainsi rendu à lui-même comprend alors quelle est la beauté de l'universel, qui vient bien évidemment du mot "un". Celle-ci est donc inaccessible au regard d'une âme qui sort d'elle-même pour aller dans les choses multiples et croit chasser la pauvreté par l'avidité, sans se rendre compte que c'est seulement en se séparant de la multitude qu'elle y échapperait. Ne t'étonne pas de ce qu'elle souffre d'autant plus l'indigence qu'elle désire embrasser plus de choses. Dans un cercle, aussi grand soit-il, il n'y a qu'un seul milieu où tout converge, appelé par les géomètres "centre"; et même si toute la circonférence peut-être divisée en parties à l'infini, il n'y a que cet unique endroit par quoi le reste soit mesuré identiquement et qui règne sur toutes les parties par une sorte de droit d'égalité. On veut le quitter pour une partie quelconque ? Toutes les parties sont perdues puisque c'est dans la pluralité que l'on s'est avancé. C'est ainsi que l'esprit répandu hors de lui-même éclate sous l'effet d'une certaine immensité et s'exténue sous l'effet d'une vraie mendicité, puisque sa nature le force à chercher partout l'un et que la multitude ne lui permet pas de le trouver[16]. » Ainsi la lecture des *Confessions*, à l'image de la recherche du milieu d'un cercle, est une occasion de découvrir les aspirations convergentes de la nature humaine mesurant nos choix et nos actes. Sans cette claire vision du «centre», notre existence n'est-elle pas menacée de constante dérive? Philosopher est nécessaire pour éviter d'être dispersé et pour cultiver, dans ses limites propres, la raison.

À plusieurs reprises, dans l'ensemble de l'œuvre, on suit le déploiement de cette démarche. Il s'agit d'une sorte d'ascension intellectuelle et spirituelle qui élève l'âme, comme par degrés, de la connaissance sensible, en passant par l'imagination et la mémoire jusqu'à la faculté de juger, pour aboutir à la contemplation de Dieu[17]. On voit clairement la place centrale que la raison occupe dans l'anthropologie augustinienne. Elle est considérée comme la faculté la plus noble de l'homme, stuée au sommet des attributs humains. Dans cette perspective, comme le signalait André Mandouze, sa vision du rôle de la philosophie conserve au philosophe un rôle de « médiateur de vérité[18] ».

En fait, Augustin a compris que les plaisirs les plus grands et les meilleurs sont ceux de l'esprit et qu'ils sont décuplés par le fait qu'on s'emploie à les partager. La médiation est nécessaire, elle nous éveille à la grandeur du but à atteindre. Elle est fondée sur la rencontre avec autrui, mais pas n'importe quelle rencontre, celle où deux consciences se reconnaissent mutuellement dans l'acte d'appréhender le divin qui siège en chacune d'elles. Le philosophe est un médiateur parce qu'il indique à ses semblables la beauté de l'ordre du monde. C'est bien de beauté qu'il s'agit. Je n'oublierai jamais à quel point la lecture des *Confessions* a provoqué en moi une vive admiration pour l'esthétique qui y est contenue. Combien ai-je été impressionné de découvrir en compagnie d'Augustin que le mal n'est pas une substance mais seulement un désordre! Il n'y a pas de mal en soi, il n'y a que des dérives du bien. Quel soulagement, quel repos pour l'âme de savoir que la vraie morale répugne au moralisme! Le cosmos dont l'homme est une partie est représenté sous les traits d'un tableau[19]. Il s'agit d'une œuvre de grand maître dont toutes les zones d'ombre concourent à l'harmonie de l'ensemble. Mais qui peut voir cela? Seul l'homme d'étude appliqué et sérieux est en mesure d'étendre son regard. Il scrute patiemment les livres et discute avec ceux qui sont animés des mêmes intentions. Il sait prendre du recul, de la distance par rapport aux événements pour élargir son champ de vision jusqu'à saisir les liens qui donnent le sens et l'unité à l'ensemble.

Pour celui qui est intéressé par la réflexion philosophique autour des questions sur l'homme et sur Dieu, le célèbre épisode du vol des poires est un paradigme de la pensée anthropologique augustinienne. On y trouve posés les problèmes du fondement de l'éthique, du rapport à la loi, de l'origine du mal et de la vie heureuse, pour ne nommer que ceux-là. Le tout est développé avec une éloquence ingénieuse dont la pédagogie vise à permettre au lecteur un retour sur lui-même afin d'enraciner la réflexion dans sa propre vie.

Les Confessions, II, 4 (9) à 10 (18)

L e vol certes est puni par ta loi, Seigneur, par cette loi qui est écrite dans le cœur de l'homme et que l'injustice elle-même n'efface pas. Car existe-t-il un voleur qui peut supporter calmement d'être victime d'un autre voleur ? Non, même si le premier est dans l'abondance et le second contraint par le besoin.

Eh bien ! moi, j'ai planifié un vol et je l'ai fait ; aucun besoin ne m'y contraignait, sinon le fait que j'étais dénué de justice, j'en étais même dégoûté et gavé d'iniquité. Car j'ai dérobé ce dont j'avais ample provision, et de bien meilleure qualité ; et j'espérais profiter non pas du produit que le vol pouvait me procurer, mais du vol lui-même et du péché.

Il y avait, tout près de notre vigne, un poirier chargé de fruits que ni l'apparence ni l'odeur ne rendaient appétissants. Afin de secouer cet arbre et de le piller, notre troupe d'adolescents misérables planifia une expédition au beau milieu de la nuit, puisqu'en vertu d'une déplorable habitude, nous avions prolongé notre divertissement en errant sur les places. En revenant de là nous avions emporté une grande quantité de fruits, non pour en faire notre nourriture, mais uniquement dans le but de les jeter aux porcs ; quand même, dès lors, nous en avions mangé quelques-uns, ce que nous espérions cependant n'était que le plaisir espéré d'un acte prohibé. Voici mon cœur, Dieu, voici mon cœur, dont tu as eu compassion dans son profond abîme. Qu'il te dise maintenant, mon cœur que voilà, ce qu'il cherchait alors que je commettais gratuitement le mal, et que je n'avais d'autre raison à ma méchanceté que la méchanceté elle-même. Elle était hideuse, et je l'ai aimée ; j'ai aimé périr, j'ai aimé ma perte, non pour le bénéfice escompté, mais pour ma perte elle-même. Ô âme infâme, qui t'écartais de ton appui pour sa ruine, qui ne poursuivais pas une chose par déshonneur, mais le déshonneur.

Le fait est que la vue des belles choses est attrayante et conforme à l'ordonnance de la vision comme c'est le cas pour l'or, l'argent et le reste. Semblablement, c'est par le toucher que la fusion entre la chair et ces corps est la plus intense et tous les sens s'adaptent ainsi au corps qui leur convient[20] ; de même, la gloire mondaine, le pouvoir de commandement comme celui de domination, ont leur beauté propre, d'où suit un vif désir de revendication pour les obtenir. Mais dans la quête de toutes ces choses, on ne doit pas fuir loin de toi, Seigneur, ni s'éloigner de ta loi. L'existence que l'on mène en cette vie offre également ses attraits, parce qu'elle possède, jusqu'à un certain point, sa splendeur, et s'harmonise avec toutes les beautés du monde. De même encore, l'amitié humaine nous enlace d'une noble douceur, car elle permet l'union de plusieurs âmes. C'est pour tous ces objets et d'autres du même ordre que l'on vient à pécher lorsque, en raison d'un attachement excessif à l'égard de ces biens, qui sont pourtant les derniers, on délaisse les biens meilleurs et premiers à savoir : toi, Seigneur, notre Dieu, ta vérité et ta loi. Ces biens inférieurs comportent tout de même leurs charmes, mais pas à l'égal de mon Dieu qui les a faits ; parce que c'est en lui que le juste se complaît et c'est lui qui fait la joie des cœurs droits.

C'est pourquoi, quand, à l'occasion d'un crime, on cherche le motif qui l'a causé, on considère ce motif plausible si l'on invoque le désir de se procurer l'un de ces biens que l'on a décrits comme inférieurs, ou la peur de le perdre. De fait, ces biens sont beaux et dignes d'estime même si, comparés aux biens supérieurs, ils sont méprisables et insignifiants. Un tel a commis un homicide ? Pourquoi l'a-t-il fait ? Parce qu'il aimait l'épouse ou le domaine de sa victime ; parce qu'il désirait lui dérober de quoi vivre ou parce qu'il craignait de perdre quelques biens par l'action de cet homme, ou encore, traité injustement par lui, il brûlait de se venger. Est-il possible de commettre un homicide sans motif et de se complaire du seul plaisir de commettre l'homicide ? Qui pourrait croire une telle chose ? Car si l'on a pu dire d'un homme fou et excessivement cruel qu'il agissait méchamment et cruellement sans raison, on a cru bon d'étayer ce jugement en le faisant précéder d'un mobile : c'est qu'il ne voulut pas que l'oisiveté ne lui affaiblisse la main et le caractère[21]. Mais encore, pour quelle autre fin ? Pour que cet endurcissement à la scélératesse lui permette de conquérir Rome, de goûter aux honneurs de la vie publique, de jouir du pouvoir, de se soustraire au respect de la loi, de fuir les vicissitudes des affaires privées ou de sa conscience troublée par ses crimes. Non, Catilina[22] lui-même n'a pas aimé ses actions perverses, mais bien une autre chose qui les lui faisait commettre.

Moi, misérable, qu'est-ce que j'ai aimé en toi, ô mon vol, ô forfait nocturne perpétré en ma seizième année ? En vérité, tu n'étais pas beau puisque tu étais un vol. Et même, es-tu quelque chose pour que je te parle ? Ils étaient beaux les fruits que nous avons dérobés parce qu'ils étaient ta création, ô le plus beau de tout ce qui existe et le créateur de tout ce qui est, Dieu bon, Dieu suprêmement bon et mon vrai bien ; ils étaient beaux ces fruits, mais ce n'était pas pour eux-mêmes que mon âme lamentable les convoitait. En vérité, j'en avais à profusion et de bien meilleurs ; quant aux autres, je les ai cueillis seulement pour voler. En effet, tout juste avaient-ils été cueillis que je les jetai en ne me délectant que de la malice dont je savourais les délices. Et même si quelque morceau de fruit est entré dans ma bouche, c'est mon forfait qui en procurait tout le goût. Et ainsi, Seigneur mon Dieu, je m'interroge sur ce qui m'a séduit dans ce vol. Voici qu'il n'était en rien pourvu de quelque beauté attrayante ; je ne dis pas comme celle que l'on trouve dans l'équité ou la prudence, ni même la beauté présente dans l'intelligence des hommes ou dans leur mémoire, ni d'attraits comme dans les sens et la vie végétative, ou encore de beauté comme celle que l'on retrouve dans le firmament qui orne le ciel et la terre et la mer regorgeant de vies, qui se succèdent continuellement, les nouvelles remplaçant celles qui s'éteignent ; il ne s'agit même pas non plus de cette contrefaçon et ombre de beauté qui rend les vices attrayants[23].

Car l'orgueil imite une sorte d'élévation suprême, alors qu'il n'y a que toi, Dieu, qui es élevé par-dessus tout. Et l'ambition, n'est-elle rien d'autre qu'une quête d'honneurs et de gloire, alors que tu es seul digne de tous les honneurs et de toute gloire pour l'éternité ? Et cette cruauté qui accompagne le pouvoir : elle cherche à inspirer la crainte ; or n'es-tu pas l'unique que l'on doit craindre ? Et s'il est question d'échapper à ce pouvoir, qui peut y prétendre ? Quand, où, comment peut-on s'y soustraire ? Et les flatteries enjôleuses ne veulent que faire aimer ; mais rien n'est plus enjôlant que ta charité, rien n'est plus aimable et salutaire que ta vérité, celle qui tout entière est belle et lumineuse. Et la curiosité qui prend les apparences de la science et du savoir, elle cherche à t'imiter, toi qui es l'intelligence suprême de toute chose. Même l'ignorance comme aussi la stupidité se revêtent des vocables de simplicité et d'innocence, puisqu'il n'y a qu'en toi que se trouve la simplicité. Mais toi, qui es toute innocence, ne révèles-tu pas aux méchants qu'ils n'ont pour ennemis que leurs œuvres mauvaises? Et la paresse qui cherche à se faire repos : n'y a-t-il pas qu'en toi que l'on se repose vraiment, Seigneur? Le goût du luxe qui se pare du vocable de suffisance dans l'abondance : or n'es-tu pas la plénitude de toute abondance dont la suavité ne s'épuise ni ne se corrompt? La prodigalité qui se cache à l'ombre de la libéralité; mais n'y a-t-il pas que toi qui prodigues avec largesse débordante toute chose bonne? L'avarice qui veut posséder beaucoup : et n'est-ce pas toi qui possèdes tout? L'envie qui se dispute l'excellence : qu'est-ce qui rivalise d'excellence avec toi? La colère qui est une quête de vengeance : qui venge avec plus de justice que toi? La crainte qui redoute les choses soudaines et insolites, menaçant ce que l'on aime, pendant qu'elle veille à leur sécurité : mais, pour toi, qu'est-ce qu'il y a d'insolite? de soudain? qui peut te séparer de ce que tu aimes? où prétend-on trouver sécurité plus sûre, sinon à ton côté? La tristesse se mine en raison de la perte des choses convoitées par la cupidité, car elle ne souffre pas que lui soit enlevé quoi que ce soit, comme à toi rien ne peut être ravi.

Ainsi l'âme est adultère lorsqu'elle s'éloigne de toi et qu'elle recherche, en dehors de toi, ce qu'elle ne trouve, pur et limpide, qu'en revenant à toi. Ils t'imitent, mais de manière perverse, ceux qui, fuyant loin de toi, s'élèvent contre toi. Et pourtant, même en t'imitant de la sorte, ils manifestent que tu es le créateur de l'univers parce qu'ils attestent qu'il n'y a pas de lieu où l'on peut échapper complètement à ta présence.

Mais moi, qu'ai-je donc tant aimé dans ce vol ? Quelle a été ma façon d'imiter faussement mon Seigneur ? Ai-je pris plaisir à défier la loi, par tromperie, en feignant être fort et puissant tout en étant pris par la servitude ? Ai-je désiré, sous le couvert d'une liberté tronquée, commettre impunément le mal interdit en produisant une image ténébreuse de toute-puissance ? Mais voilà, dans tout cela, ce n'est que l'esclave qui fuit son maître et qui ne poursuit qu'une ombre ! Ô corruption ! Ô monstre de vie et profondeur de mort ! Était-il possible de prendre plaisir à l'interdit du seul fait que cela fut interdit ?

Que rendrai-je au Seigneur, qui permet que j'invoque cela à ma mémoire sans que mon âme en soit troublée ? Je t'aimerai, Seigneur, je te rendrai grâce et confesserai ton nom, car tu as pardonné tant de mes œuvres mauvaises et abominables. À ta grâce et ta miséricorde, j'impute que mes péchés aient fondu comme la glace. J'impute aussi à ta seule grâce tout le mal que je n'ai pas commis. En effet, que n'aurais-je été en mesure de commettre, alors que j'ai aimé un crime gratuit ? Et de tout mal, je le confesse, j'ai été pardonné : de celui que j'ai commis volontairement, comme de celui dont j'ai été épargné grâce à toi.

Quel homme qui, méditant sur sa faiblesse, ose attribuer à ses propres forces sa chasteté et son innocence, pour t'en moins aimer, comme s'il avait eu moins besoin de cette miséricorde au moyen de laquelle tu pardonnes les péchés de ceux qui se tournent vers toi ? Que celui qui a obéi à l'appel de ta voix et qui a été épargné de ces désordres dont il fait la lecture par le biais de mes souvenirs et de mes aveux ne se moque pas de me savoir guéri d'une maladie par l'entremise du même médecin à qui il doit de ne pas être malade ou plutôt d'être moins malade que je ne l'ai été. Que cet homme en soit reconnaissant d'autant, et qu'il témoigne d'une gratitude encore plus grande maintenant qu'il reconnaît avoir été préservé de souffrances dont je n'ai pas été épargné[24].

Quel fruit ai-je cueilli de ces actions dont je rougis aujourd'hui, et particulièrement de ce vol que j'ai aimé pour lui-même, bien qu'il n'était rien et qu'il ne m'a valu qu'un surcroît de misère? Et pourtant, seul je ne l'aurais pas fait – telle était la disposition de mon âme à l'époque – seul, à l'évidence, je ne l'aurais absolument pas commis. C'est donc la compagnie des amis que j'ai aimée. Ainsi, j'ai aimé autre chose que le vol, mais ce que j'ai aimé n'était encore qu'un rien sans consistance.

Qu'en est-il en réalité? Qui me le fera connaître, si ce n'est celui qui illumine mon cœur pour en dissiper les ombres? Pourquoi mon esprit s'inquiète-t-il de chercher la cause, d'en discuter et d'en débattre? Car enfin, si j'avais aimé ces fruits, produit de mon vol, si j'avais voulu m'en régaler, j'aurais pu me débrouiller tout seul et commettre ce crime qui faisait mon plaisir, sans m'exposer au frottement de complices qui ne faisaient qu'enflammer la démangeaison de mon envie.

Quelle était cette disposition de mon âme? Certes, à n'en pas douter, elle était pleinement honteuse et hautement condamnable; c'est pour mon malheur que je l'ai fait mienne. Mais pourtant de quoi s'agissait-il? La faute, qui la comprend? C'était un rire comme une titillation du cœur qui poussait à tromper ceux qui ne soupçonnaient pas que nous nous appliquions, par nos actions, à contrarier leur volonté. Pourquoi donc avais-je du plaisir à ne pas agir seul? Est-ce parce que le rire perd sa raison d'être quand on est seul? Il se trouve cependant parfois des gens qui, même tout à fait seuls, sont emportés par le rire lorsqu'une situation très ridicule frappe leurs sens ou leur esprit. Mais cela, moi, étant seul, je ne l'aurais pas commis; étant complètement seul, je ne l'aurais pas fait[25].

Voici devant toi, mon Dieu, le vivant souvenir de mon âme. Seul, je n'aurais jamais commis ce vol, car ce qui m'attirait n'était pas ce que je volais mais le fait que je volais. Pour apprécier cela, je n'aurais éprouvé aucun plaisir à agir seul et je ne l'aurais tout simplement pas fait.

Ô amitié ennemie, impénétrable séduction de l'esprit, envie de nuire et de détruire, qui vient du goût pour le divertissement et la moquerie et qui, sans aucune rage pour obtenir un avantage ou pour se venger, nous pousse au crime sous l'impulsion d'un seul mot : « Allons-y, faisons-le ! » et l'on rougit de honte d'avoir encore de la honte !

Qui pourra démêler la tortueuse complexité et l'entortillement de ces nœuds ? C'est une honte ! Je ne veux plus y penser, je ne veux plus le voir. C'est toi que je veux, ô justice, ô innocence, belle et parée de nobles lumières et dont la contemplation ne s'épuise jamais. Auprès de toi se trouve une profonde quiétude qui chasse loin d'elle toute forme de trouble. Celui qui entre en toi « entre dans la joie de son Seigneur », il sera libre de toute peur, il reposera souverainement bien dans le souverain bien. Mais moi, j'ai dérivé loin de toi, mon Dieu, j'ai erré, je me suis trop égaré loin de ta stabilité ; je suis devenu, pendant l'adolescence, une terre d'indigence.

Le jardin de Milan

Les Confessions, VIII, 8 (19) à 12 (29)

Le cheminement intellectuel et spirituel d'Augustin a connu de multiples combats l'arrachant aux erreurs, purifiant ses amours, pour le mener à une étape décisive où s'épanouit *L'aventure de la raison et de la grâce*, selon le très beau titre que le professeur André Mandouze a donné à son étude principale de l'œuvre augustinienne.

La raison ou le cheminement d'une intelligence ont conduit Augustin à se libérer d'erreurs entravant une connaissance juste des attributs divins, du problème du mal ou de la nature humaine. Mais cette purification de l'esprit, au contact des *libri platonicorum*, ne constituait pas une fin en elle-même. C'était une étape nécessaire mais intermédiaire, car, disait-il, « si dans le Christ je n'avais pas cherché ta voix (celle de Dieu) ce n'est pas un homme fin (peritus) mais un homme fini (periturus) que j'aurais été » (*Les Confessions*, VII, 26).

La grâce ou la voix de la foi impliquent la rencontre avec une personne, le Verbe fait chair. L'aventure d'Augustin l'a mené dans un jardin milanais où s'est déroulée, sous le regard discret de l'ami Alypius, la scène dite de la « conversion », un des joyaux de la littérature augustinienne.

Fait intéressant, les recherches d'Augustin sur le phénomène de la foi s'enracine dans la perspective d'un besoin naturel. Pour lui, la foi se déploie dans une kyrielle d'activités quotidiennes. Il suffit, pour s'en convaincre, de faire l'inventaire des connaissances auxquelles nous souscrivons en accordant notre confiance à une autorité jugée compétente. En effet, beaucoup de ce que nous tenons pour vrai repose sur un tel acte de foi. Augustin constatait pour lui-même «Tant de faits de l'histoire naturelle, tant de détails sur les lieux et les villes que je n'avais pas vus! Tant de fois où nous accordions créance aux amis, aux médecins, à tel ou tel autre, faute de quoi nous ne ferions rien du tout en cette vie! Et, enfin, quelle certitude inébranlable sur l'identité de mes parents: si je ne l'avais pas crue sur parole, impossible de la connaître[26]! C'est ce que faisait remarquer, à son tour, Alexis de Tocqueville, alors qu'il rédigeait son célèbre essai sur la démocratie: «Si l'homme était forcé de se prouver à lui-même toutes les vérités dont il se sert chaque jour, il n'en finirait point: il s'épuiserait en démonstrations préliminaires sans avancer; comme il n'a pas le temps, à cause du court espace de la vie, ni la faculté, à cause des bornes de son esprit, d'en agir ainsi, il en est réduit à tenir pour assurés une foule de faits et d'opinions qu'il n'a eu ni le loisir ni le pouvoir d'examiner et de vérifier par lui-même, mais que de plus habiles ont trouvés ou que la foule adopte. C'est sur ce premier fondement qu'il élève lui-même l'édifice de ses propres pensées. Ce n'est pas sa volonté qui l'amène à procéder de cette manière; la loi inflexible de sa condition l'y contraint. Il n'y a pas de si grand philosophe dans le monde qui ne croie un million de choses sur la foi d'autrui, et qui ne suppose beaucoup plus de vérités qu'il n'en établit[27].»

Il n'y a rien de banal à examiner la provenance de nos certitudes. C'est une occasion de cultiver la modestie, une valeur qui sied on ne peut mieux au savant ainsi qu'à l'érudit. Pour Augustin comme pour Tocqueville, la connaissance rigoureuse oblige de composer avec la foi et commande l'usage d'un discernement vigilant à l'égard des sources. En somme, l'épistémologie augustinienne repose sur le principe qu'on n'a pas le choix de croire pour comprendre, tout en ne perdant jamais de vue que l'acte de foi est un acte humain et que, à ce titre, il est le fait d'un être raisonnable. Dans cette perspective, le doute universel tel que le concevait Descartes ne peut pas être une option valable pour Augustin, car il ne rend pas compte de la nécessité de croire.

À bien y regarder, pensait Augustin, tout le savoir de l'homme se réduit à deux sortes de connaissances: les choses vues et les choses crues. La lecture des *Confessions* conduit à l'examen critique des sources de nos certitudes et évidences. Elle vise à rétablir la pertinence de l'acte de foi, d'abord dans les choses humaines, et combien plus, dans l'ordre des choses divines. Tout acte de foi implique un abandon à l'égard de l'autorité d'autrui. Cet abandon comporte sa part de risque vu que celui qui se confie doit savoir à qui s'en remettre et distinguer l'autorité digne d'estime. Un homme de foi doit fuir la crédulité pour être en recherche constante de crédibilité. Plus l'objet de foi est complexe, plus le risque est grand. Quand il est question de foi en Dieu, le danger de méprise est à son paroxysme. C'est pourquoi Augustin, instruit par son expérience au sein de la secte manichéenne, savait que la frontière est parfois mince entre la foi qui épanouit et celle qui avilit. En méditant sur son état, le jeune maître d'éloquence comprenait bien l'ampleur des difficultés précédant toute conversion: «Me guérir! Je le pouvais par un acte de foi: ainsi purifiée, la pointe de mon esprit se fût, vaille que vaille, dirigée vers ta Vérité qui demeure à jamais, sans aucune éclipse. Mais, habituellement, après avoir tâté d'un mauvais médecin, on a peur de se confier à un autre, même bon; ainsi, mon âme malade, inguérissable à moins d'un acte de foi, refusait-elle par peur de croire à faux, de se laisser soigner, et elle résistait à tes mains, à toi qui apprêtes les remèdes de la foi, et les verses sur les maladies du monde en lui accordant une si grande autorité[28].»

Aujourd'hui comme alors, «guérir les maladies du monde» implique une rencontre avec le «maître intérieur». À la fin du livre VIII des *Confessions*, on trouve une description détaillée de cette rencontre cruciale. Quand Augustin a décidé d'emprunter la voie de la conversion, il était sous un figuier, dans un jardin de Milan. Au pied de cet arbre initiatique, il a déposé toutes ses ambitions de carrière mondaine. Il a renoncé à mettre ses multiples talents intellectuels et politiques au service de sa gloire personnelle. Il a pris la décision d'aller à la rencontre du Christ ressuscité. Le contexte de ce passage est fascinant. À cet endroit, Augustin entend une voix d'enfant qui répète: Prends et lis! Prends et lis! À la manière d'Antoine, le moine du désert, il ouvre le livre de l'apôtre[29] au hasard pour lire le passage suivant: «Plus de ripailles ni de beuveries; plus de luxures ni d'impudicités; plus de disputes ni de jalousies. Revêtez-vous du Seigneur Jésus-Christ et ne vous faites pas les pourvoyeurs de la chair dans les convoitises[30].» Cette lecture terminée, Augustin affirme que son esprit est en repos et que toute forme de doute est dissipée. La parole de Dieu l'interpelle. Désormais son auteur de prédilection sera saint Paul. Bientôt, il servira l'église catholique, sa nouvelle mère. Comment discerner l'autorité digne d'estime, à qui se confier?

Augustin répond en présentant l'Écriture sainte, dont la pérennité est signe de grandeur et gage de valeur assurée. Elle est : « à la fois port d'accueil ouvert à tous, et passage étroit vers toi [Dieu] pour une minorité — une minorité au demeurant accrue par le prestige de son autorité, et parce qu'elle aspirait les foules dans le giron de sa sainte humilité[31]. » Pour plusieurs, la fréquentation des *Confessions* a été médiatrice de la fréquentation de la bible.

Le lecteur est convié à la conversion du cœur et de la volonté. Le cœur a un statut particulier dans la vision augustinienne. Il est le lieu, non pas de l'affectivité comme plusieurs le pensent de nos jours, mais des pensées droites, des principes premiers fondateurs de l'éthique et des intuitions profondes. Il est aussi une faculté du discernement. À son contact, la conscience confirme ou infirme ce qui mérite l'aval de notre adhésion volontaire. En fait, le cœur est la mesure de la raison, une idée popularisée par Pascal en ces termes devenus célèbres : « le cœur a ses raisons que la raison ignore ». L'intention d'Augustin est de bien délimiter le domaine de la connaissance rationnelle par rapport à celui concernant la connaissance intuitive accessible seulement à l'intelligence du cœur. Alors que, trop souvent, nos croyances alternent entre le rationalisme, qui fait de la raison un absolu, et le romantisme, qui réduit le cœur aux sentiments personnels, sa position offre des aspects nuancés. L'activité de la raison est balisée par les intuitions du cœur et les intuitions du cœur sont confirmées et explicitées par l'activité de la raison. Cette dynamique ou cette dialectique entre cœur et raison ouvre, dans l'œuvre d'Augustin, des perspectives fascinantes sur une esthétique du désir et du plaisir que le lecteur découvrira au détour de ses lectures.

Augustin invite à redonner au phénomène de la foi toute sa crédibilité. Il s'appuie sur une foi éclairée à la portée et à la mesure de la dignité des êtres humains, une foi qui contribue à l'édification et à la réalisation d'une société où la mesure de l'amour est d'aimer sans mesure ; une foi résistant à l'opinion que « l'on peut être croyant sans être pratiquant » comme le pensait déjà Victorinus, ce célèbre rhéteur romain, traducteur des livres platoniciens et de quelques années seulement l'aîné d'Augustin. Il confessait au prêtre Simplicianus qu'il était devenu chrétien du seul fait de ses lectures d'ouvrages chrétiens. Simplicianus lui avait répondu qu'il croirait Victorinus le jour où celui-ci fréquenterait l'église, ce à quoi il aurait rétorqué avec un certain sarcasme : « ce sont donc les murs qui font les chrétiens[32] ? » Mais la persévérance de l'un dans la lecture et de l'autre dans son attachement à l'Église, de même que le dialogue constant entre ces deux hommes, a conduit Victorinus au baptême et à la profession publique de sa foi. Cet homme déjà célèbre de son siècle s'est fait chrétien pour la plus grande joie de Simplicianus et des autres fidèles de Rome. C'est dire que l'expérience d'Augustin et celle de ses compatriotes évoquées dans le récit des *Confessions* contribuent à alimenter la réflexion sur la foi en relation à la parole de Dieu et à l'institution de l'Église. Lire les écrits bibliques, fréquenter les sacrements et participer activement à vie communautaire des chrétiens sont présentés comme des pratiques indispensables. Elles nourrissent la foi reçue par la prédication. À l'individualisme d'un culte résolument privé, l'évêque d'Hippone propose la communauté des saints.

Historiquement, la conversion d'Augustin survient en un temps où l'Église en était relativement à ses débuts. L'annonce de la bonne nouvelle était alors accueillie comme telle. Lire ce grand texte aujourd'hui, c'est proposer un second souffle à cette annonce. À certains égards, l'humanisme pragmatique actuel fait craindre de se confier encore à la médecine de la foi par peur du faux. C'est ce qu'avait bien pressenti John Henry Newman : « Newman avait prévu une incroyance généralisée, puissante sur les esprits, qui seraient investis par les principes de l'athéisme avant de découvrir le Christianisme. Un nouveau déluge, disait Newman, envahira le monde et ne laissera subsister que de rares sommets, car les hommes "croiront à l'athéisme avant de découvrir la Révélation". Alors, une nouvelle évangélisation sera nécessaire, mais plus malaisée que la première, parce qu'elle ne sera plus l'annonce d'une Nouvelle. La majorité des hommes tiendra pour certain que le Christianisme a été réfuté. "Quant à ceux qui s'obstineraient à y croire encore, on ne consentirait ni à les entendre ni à discuter avec eux. Tout ce qu'on leur dirait reviendrait à ceci : il a été réfuté, nous n'avons pas à le réfuter à nouveau." On peut dire que l'œuvre de Newman consistait à préparer l'Église à cette tâche. Et peut-être, après un nouveau déluge, les temps futurs verront-ils une reconquête lente des régions de l'esprit, territoire par territoire. Reconquête plus difficile que la conquête n'avait été : car il est plus facile de vaincre l'ignorance, fût-elle barbare, qu'une négation savante et calme[33]. » Mais la foi d'Augustin soutient toujours que la cité de Dieu traverse les siècles, et, de génération en génération, elle renouvelle son secours à la cité des hommes.

À l'heure où une sorte de nihilisme poli semble établi dans les esprit, le récit de la conversion au jardin de Milan retentit. Il interpelle et contribue à la reconquête d'un territoire pour notre génération.

Les Confessions, VIII, 8 (19) à 12 (29)

Alors, pendant ce violent combat intérieur, où je traquais mon âme dans les retranchements secrets de mon cœur, le visage troublé comme l'esprit, j'interpelle Alypius, je m'écrie : Eh quoi! que faisons-nous là? N'as-tu pas entendu? Les ignorants se lèvent; ils forcent le ciel, et nous, avec notre science, sans cœur, nous voilà vautrés dans la chair et dans le sang! Est-ce honte de les suivre? N'avons-nous pas honte de ne pas même les suivre? Telles furent mes paroles. Et mon agitation m'emporta brusquement loin de lui. Il se taisait, surpris, et me regardait. Car ma manière d'être était étrange. Et mon front, mes joues, mes yeux, le teint de mon visage, le ton de ma voix racontaient bien plus mon esprit que les paroles qui m'échappaient.

Notre demeure possédait un petit jardin dont nous pouvions disposer, comme du reste de la maison, car le propriétaire, notre hôte, n'y habitait pas. C'est là où m'avait jeté la tempête de mon cœur; là, où personne ne pouvait interrompre ce sanglant débat que j'avais engagé contre moi-même, dont tu savais l'issue, et moi, non. Mais cette fureur m'enfantait à la raison, cette mort à la vie; sachant ce que j'étais de mal, j'ignorais ce qu'en un moment j'allais être de bien.

Je me retirai au jardin; Alypius me suivait pas à pas. Car j'étais seul, même en sa présence. Et pouvait-il me quitter dans une telle crise? Nous sommes allés nous asseoir le plus loin possible de la maison. Mon esprit frémissait, et des vagues d'indignation se soulevaient contre moi, de ce que je ne passais pas encore à ta volonté, à ton alliance, ô mon Dieu, où toutes les puissances de mon âme me poussaient en me criant : courage! Et leurs louanges me soulevaient vers le ciel. Pour y parvenir, nul besoin de navire, ni de char ; il ne fallait même pas marcher la distance qui nous séparait de la maison. Car, pour arriver à toi, il ne fallait que vouloir, mais d'une volonté forte et pleine, et non d'une volonté languissante et boiteuse, se dressant à demi et se débattant contre l'autre moitié d'elle-même pour mieux retomber.

Et dans cette angoisse de mes indécisions, je faisais toutes sortes de mouvements du corps. De ce type de mouvements que souvent des hommes veulent, mais ne peuvent pas faire, soit parce qu'il leur manque quelque membre, ou parce qu'ils sont emprisonnés dans des liens, paralysés de langueur, retenus par quelque entrave. Mais moi, ce jour-là, si je me suis arraché les cheveux, si je me suis frappé le front, si je me suis embrassé les genoux de mes doigts entrelacés, je l'ai fait parce que je le voulais. Et j'aurais pu le vouloir sans le faire, si la mobilité de mes membres n'avait pas obéi. Combien donc ai-je fait de choses, où vouloir et pouvoir n'étaient pas tout uns ? Et alors je ne faisais pas ce que je désirais d'un désir incomparablement plus puissant, et il ne s'agissait que de vouloir pour pouvoir, c'est-à-dire de vouloir pour vouloir. Car ici la puissance n'était autre que la volonté ; vouloir, c'était faire ; et pourtant rien ne se faisait. Mon corps obéissait plutôt à la volonté la plus imperceptible de l'âme qui d'un signe lui commandait un mouvement, alors que l'âme ne s'obéissait à elle-même pour accomplir par sa seule volonté le plus grand objet de ses désirs.

D'où vient ce prodige? Quelle en est la cause? Fais luire ta miséricorde! Que j'interroge ce mystère des malheurs qui frappent les humains et les profondes tribulations qui affectent les fils d'Adam pour avoir, si possible, une réponse! D'où vient ce prodige? L'esprit commande au corps; il est obéi. L'esprit commande à lui-même et il se résiste. L'esprit commande à la main de se mouvoir et, dans la rapidité du geste, on a peine à distinguer l'ordre de l'exécution. Pourtant l'esprit est esprit et la main est corps. L'esprit commande à l'esprit, donc à lui-même et il n'obéit pas. D'où vient ce prodige? Quelle en est la cause?

Ainsi je souffrais et je me torturais, m'accusant moi-même avec une amertume inconnue, me retournant et me roulant dans mes liens, jusqu'à ce je puisse rompre tout entière cette chaîne qui ne me retenait plus que par un faible anneau, mais qui me retenait pourtant. Et tu me pressais, Seigneur, au plus secret de mon âme, et ta sévère miséricorde me flagellait à coups redoublés et de crainte et de honte, pour prévenir une langueur nouvelle qui, retardant la rupture de ce faible et dernier chaînon, lui rendrait une nouvelle force d'étreinte.

Car je me disais au-dedans de moi: Allons! allons! Point de retard! Et mon cœur suivait déjà ma parole et j'allais agir, mais je n'agissais pas. Et je ne retombais pas dans l'abîme de ma vie passée, mais j'étais debout sur le bord, et je reprenais mon souffle. Et puis je faisais de grands efforts et, pour y arriver, atteindre, tenir, mais je n'y arrivais pas, je n'atteignais pas, et je ne tenais rien. J'hésitais à mourir à la mort pour vivre à la vie et je me laissais dominer plutôt par le mal, ce compagnon d'enfance, que par le bien, qui m'était encore si étranger. Et plus l'instant où mon être allait changer devenait proche, plus il me frappait d'épouvante, ni ramené, ni détourné, pourtant j'étais en suspens.

Et ces bagatelles de bagatelles, ces vanités de vanités, mes anciennes maîtresses, me tiraient par ma robe de chair et me disaient tout bas : Est-ce que tu nous renvoies ? Quoi ! Dès ce moment, nous ne serons plus avec toi, jamais plus ? Et, dès ce moment, ceci et cela ne seront plus jamais permis ? Et tout ce qu'elles me suggéraient dans ce que j'appelle ceci et cela, ce qu'elles me suggéraient, ô mon Dieu ! Que ta miséricorde l'efface de l'âme de ton serviteur ! Quelles souillures ! Quelles infamies ! Et elles ne m'abordaient plus de front, querelleuses et hardies, mais par de timides chuchotements murmurés à mon épaule, par de furtives attaques. Elles sollicitaient un regard de mon dédain, elles me retardaient toutefois dans mon hésitation à les repousser et à me débarrasser d'elles pour me rendre où j'étais appelé. Car la violence de l'habitude me disait : « Pourras-tu vivre sans elles ? »

Mais déjà la voix de l'habitude ne me parlait plus de façon aussi languissante. Car du côté où je tournais ma tête et où je redoutais de passer, se dévoilait la chaste et sereine majesté de la continence, m'invitant, non plus avec le sourire de la courtisane, mais avec grâce et noblesse, à m'approcher d'elle sans crainte. Et elle étendait, pour me recevoir et m'embrasser, ses pieuses mains, toutes pleines de bons exemples : enfants, jeunes filles, adultes de tous les âges, veuves vénérables, femmes vieillies dans la virginité. Dans toutes ces saintes âmes se tenait, bien implantée, cette continence féconde. Elle qui, par l'action de son époux, le Seigneur, faisait la joie de ses fils !

Et elle semblait me dire, d'une douce et encourageante ironie : « Quoi ! Ne pourras-tu ce qui est possible à ces enfants, à ces femmes ? Est-ce donc en eux-mêmes, et non dans le Seigneur leur Dieu, que cela leur est possible ? C'est le Seigneur leur Dieu qui me donne à eux. Tu t'appuies sur toi-même et tu chancelles ? Et cela t'étonne ?

Jette-toi hardiment sur lui, n'aie pas peur! Il ne se déro-
bera pas pour te laisser tomber. Jette-toi hardiment, il te
recevra, il te guérira!» Et je rougissais, parce que j'entendais
encore le murmure des vanités et je restais hésitant, toujours
en suspens. Et elle me parlait encore, et je croyais entendre:
«Sois sourd à la voix de ces membres de terre afin de les
mortifier. Les délices qu'ils te racontent sont-elles compa-
rables aux saveurs de la loi du Seigneur ton Dieu?» Telle
était la lutte que je livrais contre moi-même. Et Alypius,
toujours près de moi, attendait en silence l'issue de cette
étrange agitation.

Quand, du plus profond de mon être, a surgi à ma
conscience toute ma misère, des yeux de mon cœur s'éleva
un affreux orage chargé d'une pluie de larmes. Et pour les
répandre avec force sanglots, je me levai et m'éloignai
d'Alypius. La solitude allait me donner la liberté de mes
pleurs. Je me retirai donc assez loin pour n'être pas impor-
tuné, même par la présence si chère de mon ami Alypius.

Tel était mon état, et il s'en aperçut, car je ne sais
quelle parole m'avait échappé où vibrait un son de voix
gros de larmes. Et je m'étais levé. Il demeura à la place où
nous nous étions assis, dans une profonde stupeur. Et moi
j'allai m'étendre, je ne sais comment, sous un figuier, et je
lâchai les rênes à mes larmes, les sources de mes yeux ruis-
selèrent, comme un sacrifice agréable devant ta face. Et je
te parlai, je ne me souviens pas bien en quels termes précis,
mais en voici le sens: «Eh! Jusques à quand, Seigneur?
Jusques à quand, Seigneur, seras-tu irrité? Ne garde pas
mémoire de mes injustices passées.» Car je sentais qu'elles
me retenaient encore. Et je m'écriais en sanglots: «Jusques
à quand? Jusques à quand? Demain! Demain! Pourquoi
pas tout de suite? Pourquoi ne pas en finir sur l'heure avec
ma honte?»

Ce disant, je pleurais dans toute l'amertume d'un cœur brisé. Et tout à coup j'entends sortir d'une maison voisine comme une voix d'enfant ou de jeune fille qui chantait et répétait souvent : « PRENDS, LIS ! PRENDS, LIS ! » Et aussitôt, changeant de visage, je cherchai sérieusement à me rappeler si c'était là un refrain en usage dans quelque jeu d'enfant et rien de tel ne me revint à la mémoire. Je réprimai le flot de mes larmes, je me levai et ne vis plus là qu'un ordre divin d'ouvrir le livre de l'Apôtre et d'y lire le premier chapitre venu. Je savais qu'Antoine, survenant un jour à la lecture de l'Évangile, avait saisi, comme adressées à lui-même, ces paroles : « Va, vends ce que tu as, donne-le aux pauvres, et tu auras un trésor dans le ciel, puis viens, suis-moi. » Et qu'un tel oracle l'avait aussitôt converti à toi.

Je revins vite à la place où Alypius était assis car, en me levant, j'y avais laissé le livre de l'Apôtre. Je le pris, l'ouvris, et lus en silence le premier chapitre où se posèrent mes yeux : « Ne vivez pas dans les festins, dans les débauches, ni dans les voluptés impudiques, ni en dispute, ni en jalousie ; mais revêtez-vous de notre Seigneur Jésus-Christ et ne soyez pas pourvoyeur de la chair dans ses convoitises. » Je ne voulais pas en lire davantage, c'était inutile. Ces lignes à peine achevées, il se répandit dans mon cœur comme une lumière paisible qui dissipa les ténèbres de mon doute.

Alors, ayant laissé dans le livre une trace de mon doigt ou je ne sais quelle autre marque, je le fermai. D'un visage tranquille, je racontai tout à Alypius, qui me révèle à son tour ce qui s'était passé en lui. Il demande à voir ce que j'avais lu, je le lui montre et, lisant plus loin que moi, il recueille les paroles suivantes que je n'avais pas remarquées : « Soutenez le faible dans la foi. » Il prend cela pour lui et me l'avoue. Fortifié par cet avertissement dans une résolution bonne et sainte et en harmonie avec cette pureté de mœurs dont j'étais loin depuis longtemps, il se joint à moi sans hésitation et sans trouble.

À l'instant, nous allons trouver ma mère, nous lui contons tout ce qui est arrivé et elle s'en réjouit. Elle tressaille de joie, elle triomphe. Et elle te bénissait, « ô toi qui es puissant à exaucer au-delà de nos demandes, au-delà de nos pensées », car tu lui avais bien plus accordé en moi que ne t'avaient demandé ses plaintes et ses larmes touchantes. J'étais tellement converti à toi que je ne cherchais plus à prendre épouse, que j'abdiquais toute espérance dans le siècle, élevé désormais sur cette règle de foi, où ta révélation m'avait jadis montré debout à ma mère. Et son deuil était changé en une joie bien plus abondante qu'elle n'avait espéré, bien plus douce et plus chaste que celle qu'elle attendait des enfants de ma chair.

L'extase d'Ostie

Les Confessions, IX, 10 (23-26)

Dans l'Évangile de Luc, le vieillard Siméon, après avoir vu l'œuvre de Dieu, s'est exclamé : « Maintenant, Souverain Maître, tu peux, selon ta parole, laisser ton serviteur s'en aller en paix ; car mes yeux ont vu le salut que tu as préparé à la face de tous les peuples » (Luc, 2, 29). C'est peut-être la formule qui résume le mieux l'attitude de Monique envers son fils dans l'année qui a suivi son baptême. Monique allait mourir, elle sentait ses forces décliner. Désormais son temps était précieux. Comme Siméon, elle était au comble de la joie ; la mère naturelle voyait son fils entre les mains de sa mère éternelle. Elle aussi pouvait mourir en paix. Ce fut alors une période de grande intimité entre la mère et le fils. Augustin en témoigne magnifiquement dans cet autre fameux passage des *Confessions* connu sous le vocable de « l'extase d'Ostie ».

Les Confessions, IX, 10 (23-26)

À l'approche du jour où elle devait sortir de cette vie, jour que nous ignorions, et connu seulement de toi, il arriva, je crois, par une secrète disposition de ta part, que nous nous trouvions seuls, elle et moi, appuyés contre une fenêtre, d'où la vue s'étendait sur le jardin de la maison où nous étions descendus, au port d'Ostie. C'est là que, loin de la foule, après les fatigues d'une longue route, nous attendions le moment de la traversée.

Nous étions seuls, conversant avec une grande douceur, sans penser au passé et tournés vers l'avenir. Nous cherchions ensemble, en présence de la vérité que tu es, quelle serait pour les saints cette vie éternelle « que l'œil n'a pas vue, que l'oreille n'a pas entendue, et où n'atteint pas le cœur de l'homme ». Et nous présentions les lèvres de notre cœur aux eaux vives de ta source céleste, source de vie qui est en toi afin que, pénétrés selon la mesure de notre capacité, notre puissions saisir un petit peu la magnificence de ton être.

Notre dialogue convergeait vers cette conclusion : la plus vive joie des sens pour le plus vif éclat des attraits corporels, loin de soutenir le parallèle avec le bonheur d'une vie éternelle, ne valait même pas la peine d'être mentionnée.

Alors, portés par un nouvel élan d'amour vers l'Être suprême, nous avons franchi, comme par degré, la sphère du monde corporel, jusqu'aux espaces célestes d'où les étoiles, la lune et le soleil nous envoient leur lumière. Montant encore plus haut dans nos pensées, dans nos paroles, dans l'admiration de tes œuvres, nous avons traversé nos âmes pour atteindre, bien au-delà, cette région d'inépuisable abondance, où tu rassasies éternellement Israël de la nourriture de vérité, et où la vie est la sagesse créatrice de ce qui est, de ce qui a été, de ce qui sera. Cette sagesse elle-même est incréée. Elle est ce qu'elle a été et ce qu'elle sera toujours, ou plutôt, en elle ne se trouvent ni l'avoir été ni le devoir être, mais l'être seul hors du temps, car avoir été et devoir être ne peuvent pas être de l'éternel.

En parlant ainsi, dans la passion de nos aspirations pour cette vie, nous y avons touché l'espace d'un bref instant dans un formidable élan du cœur. Nous avons soupiré en laissant captives les prémices de l'esprit et nous sommes redescendus en revenant aux bruissements de nos voix, dans cette conversation où nos paroles débutent et finissent. Et qu'y a-t-il là de semblable à ton Verbe, mon Seigneur, dont l'immuabilité et la permanence renouvellent toutes choses ?

Et, à ce point, voilà ce que nous disions : « Si en quelqu'un le vacarme des choses charnelles se taisait, silence des représentations de la terre, des eaux, de l'air et même des cieux, silence de l'âme elle-même à l'égard d'elle-même, pour ainsi franchir le seuil de l'intériorité et parvenir au silence des songes et des visions de l'imaginaire ; si toute langue, tout signe et tout ce qui passe en venaient à se taire complètement, voici ce qu'on entendrait de ces choses, quand on sait écouter : « Ce n'est pas nous qui nous sommes faits, mais celui qui nous a engendrés demeure dans l'éternité. » Et encore, supposons cette dernière voix évanouie dans le silence, après nous être élevés vers l'auteur de toutes choses : que dirait-il lui-même, en parlant directement et non par l'entremise de ses créatures ? Que dirait son verbe, non plus par la langue charnelle, ni par la voix de l'ange, ni par le bruit de la nuée, ni par l'énigme de la parabole ? Mais qu'il nous parle lui seul que nous aimons en tout, qu'en l'absence de tout il nous parle ; que notre pensée, dont l'agilité atteint en ce moment même l'éternelle sagesse demeurant au-dessus de tout, nous permette de prolonger ce mouvement en écartant toute autre vision d'un ordre inférieur. Ce qu'elle dirait alors, cette sagesse-là, c'est qu'elle ravit, captive, absorbe dans des joies profondes celui qui la contemple ; que la vie éternelle est comparable à cette fugitive extase, qui nous fait soupirer encore... N'est-ce pas la promesse de cette parole : « Entre dans la joie de ton Seigneur » ? Et quand cela ? Sera-ce alors que « nous ressusciterons tous, sans néanmoins être tous changés » ?

Telles étaient mes pensées, non dans ces termes exacts, mais dans l'esprit du contenu de notre entretien. Et tu savais, Seigneur, que ce jour même où nous parlions de la sorte, où le monde avec tous ses charmes nous paraissait si bas, ma mère me dit : « Mon fils, en ce qui me regarde, rien ne m'attache plus à cette vie. Qu'y ferais-je ? Pourquoi y suis-je encore ? Je n'ai plus rien à espérer du siècle présent. Il était une seule chose pour laquelle je désirais séjourner quelque peu dans cette vie, c'était de te voir chrétien catholique avant de mourir. Mon Dieu me l'a donnée avec surabondance, puisque je te vois mépriser toute félicité terrestre pour le servir. Que fais-je encore ici ? »

Le cadre de l'expérience vécue par Augustin dans le jardin milanais établit que la manifestation de Dieu s'est faite sous un figuier, arbre initiatique s'il en est ! On peut donc voir dans cet épisode l'expression d'une révélation personnelle. Mais, à Ostie, on passe de la rencontre strictement individuelle à la communion des âmes touchées par la grâce. C'est le sommet du sommet des *Confessions* et, soulignons-le, de toute vie chrétienne.

Ceci dit, on ne manquera pas d'apprécier l'extraordinaire richesse de ce passage où sont savamment entrecroisées moult références tant à la philosophie néoplatonicienne qu'à la Bible. Comment ne pas reconnaître à travers la structure du texte, dans cette ascension graduelle de l'âme vers Dieu, une allusion à l'allégorie de la caverne de Platon ? On peut y voir Augustin, sorte de « Socrate chrétien », dialoguant avec sa mère pour sortir de la caverne et contempler, un bref instant, le soleil de vérité avant de retourner aux contingences de l'existence. Cependant que la vérité incarnée par le soleil n'est plus le dieu des philosophes, mais celui d'Abraham, d'Isaac, de Jacob et de Jésus-Christ. La rencontre avec Dieu doit se comprendre non pas comme la conclusion nécessaire des efforts de l'homme pour atteindre le divin, mais bien comme l'initiative d'un Dieu historique se manifestant au temps choisi par Lui.

« Je me souviens »
Les Confessions, X, 1 (1) à 29 (40)

On peut définir sans peine les *Confessions* comme une œuvre de mémoire qui fait l'apologie de la mémoire. Au dixième livre, le lecteur est surpris de l'importance accordée à cette faculté du souvenir. Cette insistance sur le rôle de la mémoire au centre de l'anthropologie augustinienne actualise le questionnement sur la subjectivité humaine et la conscience de soi. Elle invite aussi à redéfinir notre relation à l'histoire, tant individuellement que collectivement. Comme le disait Isaïe en parlant de Dieu : «Vers ton nom, vers la mémoire de toi, va le désir de l'âme[34]» ; l'entreprise d'Augustin n'est au point de départ qu'une initiative pour actualiser ce verset du cantique. Sa conversion a été préparée dès l'enfance ; elle s'est réalisée à Milan quelques années avant le mitan de son existence et inaugure le début de sa vie chrétienne active. Le livre X marque le point de départ de cette nouvelle ère et suggère au lecteur la méthode intellectuelle qui y est adaptée. On y découvre que le chrétien est un être du mémorial et que le philosophe chrétien a le devoir de penser l'Histoire.

L'originalité de la perspective d'Augustin repose sur le rôle prépondérant du passé dans le présent de l'homme. Son anthropologie réserve une grande responsabilité aux événements et expériences qui façonnent l'adulte en devenir. Pour lui, nous n'échappons jamais totalement à l'histoire qui nous a modelé. Bien avant Freud, il a introduit les notions de libido et de désir. Il y a vue les causes du désordre affectif marquant la condition humaine dès le plus jeune âge. Il observe chez le nourrisson une certaine propension à la jalousie dans le regard amer du tout-petit qui fixe sa mère en train de nour-rir son frère de lait[35]. La démarche soutenue dans les *Confessions* implique un retour constant à l'analyse des faits marquants de l'existence sous l'œil du meilleur des psychanalystes, Dieu, qui scrute et guérit.

Pour saisir l'importance et la portée des réflexions d'Augustin sur la mémoire, il faut aborder le livre X sur cette question[36]. Celui-ci est le pivot de l'ouvrage d'Augustin. Les livres précédents constituent la partie proprement autobiographique où se déploie la genèse des circonstances historiques qui ont conduit à la conversion de l'enfant de Thagaste. C'est le mémorial d'événements, de fautes et de grâces passés. Les livres suivants, comme en font état les *Rétractations*[37], traitent des Écritures saintes. Ces livres s'identifient à l'avenir, ils in-carnent l'objet des nouvelles préoccupations intellectuelles et pastorales de l'évêque africain. De quoi le dixième livre traite-t-il ? On peut dire globalement d'introspection. Il fait le point sur l'état d'âme après la conversion et sur les combats quotidiens contre les tentations intellectuelles et morales. La rédaction de ce texte et des suivants a été réalisée environ dix ans après l'écriture des neufs premiers livres. En un sens, les lecteurs de l'époque souhaitaient trouver une suite à l'ouvrage. Ils étaient curieux et avides de décou-vrir le sort réservé à un confident aussi impressionnant. Tout en ré-pondant à leur demande, Augustin questionne leurs intentions : « Mais qu'ai-je donc affaire aux hommes, qu'ils entendent mes confessions […] race curieuse de connaître la vie d'autrui, paresseuse pour amender la sienne ! Pourquoi vouloir entendre de moi ce que je suis, et ne pas vouloir entendre de toi ce qu'ils sont[38] ? » Sûrement les amateurs de potins auront été déçus, car le livre renferme une lon-gue première partie qui s'apparente à une sorte de *discours de la méthode* dans lequel la mémoire s'avère l'instrument privilégié d'un voyage intérieur. Le tout est suivi d'une autre partie qui décrit les pièges de l'affectivité en obstacle à l'introspection.

À bien des égards, ce livre, pour celui qui veut s'adonner à une lecture approfondie des *Confessions*, peut être abordé en tout pre-mier. On y récolte l'avantage de comprendre dans quelle perspec-tive Augustin a évoqué ses souvenirs personnels pour traiter des choses humaines et divines[39]. Il est un des rares philosophes à avoir mis l'accent sur la compréhension de la mémoire et du temps. Hormis Aristote et Plotin, la problématique de l'origine de nos souvenirs et du rôle qu'ils jouent dans notre existence n'avait pas fait l'objet d'études très approfondies. Le traitement du sujet, dans les *Confessions*, est à la fois rhétorique et didactique. L'aspect rhétorique apparaît à la manière dont la mémoire est élevée au rang des facultés humaines les plus nobles et aux images qui sont utilisées pour la qualifier. À titre d'exemple, elle est comparée à un « vaste palais » (*lata prætoria memoriæ*) où sont réunis les « trésors » des souvenirs de nos perceptions sensorielles et de nos idées[40]. Quand à l'aspect didactique, il s'impose au lecteur par l'abondance et la pertinence des questions soulevées et par la recherche de distinctions. En effet, se demande Augustin, que serions-nous sans relation avec nos souvenirs ? Qu'en serait-il de l'activité de l'esprit si celui-ci était privé de la « matière première » que constituent les traces du passé qui logent à l'enseigne de la mémoire ? C'est elle qui « assure la continuité temporelle de la personne[41] », elle fonde notre identité et actualise notre présence au monde. Augustin voit dans l'activité du mémorial, d'une part, un appel à la conscience des expériences passées constituant notre histoire personnelle et, d'autre part, un recours aux notions intellectuelles qui ont toujours habité nos esprits. Il s'agit d'une sorte de mémoire métaphysique.

Encore une fois, on remarque le rayonnement de la tradition grecque. On pense à Socrate qui veut désespérément isoler, au fil de ses discussions, la conception de la justice en elle-même, laquelle est une norme universelle du comportement. On reconnaît Antigone reprochant au roi Créon de ne pas admettre la loi des dieux, immuable et non écrite, mais inscrite dans le cœur des hommes ; ou bien c'est Hémon, fiancé de la première et fils du second, qui exhorte son régent de père de ne pas négliger la « science de l'inné[42] ». Platon, Sophocle et Augustin expriment l'idée que l'homme n'est pas la mesure de lui-même et qu'il doit accepter d'être mesuré par une loi morale naturelle : « Il suffit que tu vois comme je le vois moi-même et que tu reconnaisses comme certain que ces règles, en somme, ces lumières de vertu sont vraies et immuables, et qu'elles sont, chacune ou toutes, à la disposition de la contemplation commune de ceux qui sont capables de les voir, chacun par sa raison et par son cœur[43]. » Pour voir ces règles, il faut interroger la mémoire : Comment se fait-il que nous ayons tous une sorte de souvenir vague de la vie heureuse ? S'il est vrai que peu de gens s'entendent sur la nature et les conditions du bonheur, tous n'admettent-ils pas qu'ils souhaitent être heureux ? Et ce désir du bonheur, tout comme le dégoût de son contraire, seraient-ils des rappels universels que nous aurions stockés dans nos mémoires sans que nous soyons vraiment capables de préciser quand et comment nous les avons récoltés ? Ainsi, nous pouvons avoir un souvenir joyeux de tristesses passées ou des souvenirs tristes de joies révolues, mais notre admiration pour le plaisir et notre aversion pour le déplaisir, qui peut dire précisément d'où elles viennent ? Ou encore, peut-on concevoir que celui qui prend plaisir à tromper accepte avec plaisir d'être trompé ? Peut-on raisonnablement envisager que le voleur, qui se vanterait du bonheur que lui procure ses larcins, éprouve encore joie et gratitude envers un autre voleur dont il serait la victime ? « Le vol certes est puni par ta loi, Seigneur, par cette loi qui est écrite dans le cœur de l'homme et que l'injustice elle-même n'efface pas. Car y existe-t-il un voleur qui peut supporter calmement d'être victime d'un autre voleur ? Non, même, si le premier est dans l'abondance et le second contraint par le besoin[44]. » C'est en ces termes que commence le récit du vol des poires dont on a fait mention plus haut. On y trouve un exemple de la relation étroite entre la mémoire et l'esprit critique. Fait à noter, même si Augustin renvoie implicitement aux commandements de Dieu en précisant que le vol est contraire à sa loi, ce n'est pas en vertu d'un acte de foi pur qu'il suggère de fonder l'interdit. Il propose plutôt un examen rationnel sur la base du paradoxe du voleur volé. Cet examen devrait conduire à établir une norme, plus générale encore, une règle de réciprocité suggérant de ne pas faire à autrui ce que l'on ne serait pas disposé à subir soi-même. Le philosophe ou l'homme d'esprit, au moyen de sa mémoire, juge son histoire personnelle et celle de l'humanité à l'aune des principes éthiques naturels. L'homme n'est jamais tant présent au monde et à lui-même que dans l'instant où il conjugue tous ces facteurs dans l'acte de penser.

L'intention d'Augustin va plus loin. Il interpelle à la conscience le souvenir du dégoût pour le vol. Il évoque le rappel des faits de son adolescence, pour que le lecteur reconnaisse, en accord avec saint Paul, que l'homme : « [...] ne fait pas le bien qu'il veut, mais qu'il commet le mal qu'il ne veut pas[45] ». C'est la loi de la chair ou du péché qui est en opposition avec la loi de l'esprit. Si l'anthropologie augustinienne ne déclare personne totalement mauvais ni complètement bon, l'opinion d'Augustin est que, sans la grâce divine, les hommes sont impuissants à assurer le passage du régime de la loi charnelle à celui de la loi spirituelle : « Qui donc parmi les enfants des hommes, conscient de sa faiblesse, ose attribuer à ses seules forces sa chasteté et son innocence [...][46]. » En tant que croyant, il fait appel au souvenir de la grâce pour nourrir sa foi, un mémorial considérant que la conscience de cette incapacité pratique est sagesse et don de Dieu. La mémoire est sollicitée pour témoigner de la gratuité du « maître de l'Histoire » et permettre au chrétien de faire confession de louange à l'égard des actes divins accomplis dans son histoire : « Que rendrais-je au Seigneur, que ma mémoire ait pu retrouver ce souvenir sans que mon âme en conçoive de la crainte ? Je t'aimerai Seigneur, et je te rendrai grâces, et je te confesserai à la gloire de ton nom, que tu m'as pardonné tant de fois mes œuvres mauvaises et criminelles [...][47]. »

L'importance accordée au parcours individuel et à la recherche du sens des événements qui jalonnent la vie des hommes explique peut-être pourquoi on s'attache rapidement aux personnages qui sont dépeints dans l'œuvre. Ils sont constamment présentés en lien avec l'histoire qui les forme : « lorsque Augustin décrit ses amis, il nous semble les connaître grâce à ces quelques touches, beaucoup mieux que bien des gens plus célèbres de l'Antiquité. C'est qu'il a su relier leur passé à leur présent, il les a vus comme modelés par des expériences précises remontant jusqu'à leur enfance : Monique aurait pris goût à la boisson si, lorsqu'elle avait six ans, quelqu'un ne l'avait traitée de "petite biberonne"; Alypius n'aurait pas été si chaste s'il n'avait fait, jeune garçon, une expérience sexuelle fâcheuse[48]. » Pour l'évêque d'Hippone, le souvenir est une nécessité de la connaissance vraie.

La logique du mémorial des événements, des normes et de la grâce modèle l'écriture des *Confessions*. Elle offre au lecteur la possibilité d'entrer dans son sillage et de continuer, en son temps, l'effort de porter à l'esprit le présent du passé pour réfléchir et préparer le présent de l'avenir. Ainsi, Augustin est redevable à la culture judaïque. Sa démarche s'inscrit dans le mouvement de ceux qui luttent pour la sauvegarde du mémorial afin que l'oubli ne soit pas l'agent sournois d'un perpétuel recommencement. C'est la préoccupation du peuple juif en face de la Shoah ; c'est celle d'Augustin lui-même devant le sac de Rome, l'événement à partir duquel il a entrepris la rédaction de *La Cité de Dieu* ; c'est celle aussi de Soljenitsyne décrivant les horreurs du stalinisme dans *L'Archipel du goulag* ; ce doit être la nôtre en relation d'événements comme ceux du 11 septembre 2001. Ce sont des jalons de notre histoire collective. Ils portent en eux le germe des interrogations appelant la mémoire des principes qui mesurent les actes humains. La réflexion féconde fusionne histoire et métaphysique. La négligence peut faire que l'histoire soit évacuée des préoccupations intellectuelles de l'homme, mais en aucun cas l'homme ne peut se soustraire à l'histoire.

Il est nécessaire de reprendre ces réflexions aujourd'hui pour que l'oubli ne devienne pas amnésie et que cette nouvelle ignorance pousse au désespoir. La force vitale qui traverse les *Confessions* est un exemple probant qu'aucune erreur, aucune difficulté, aucun des obstacles qui se dressent à certaines intersections du devenir des êtres humains, ne peuvent vaincre la conviction que la vie aura toujours préséance sur la mort. Toute l'impulsion réflexive de la mémoire qui anime l'écriture de l'autobiographie d'Augustin est une vibrante invitation à cultiver la mémoire discernant l'œuvre du bien contre la part du mal. Pour reprendre l'expression de Paul Ricœur, il s'agit d'un appel à assister au «petit miracle de la reconnaissance[49]». Faire mémoire du passé pour penser l'histoire n'est pas en soi une garantie de bonheur. Notre esprit déforme les faits, il reconstruit les souvenirs en exagérant certains détails et en en omettant certains autres. Malgré tout le soin que l'on porte à l'exactitude, il est pratiquement impossible d'éviter de juger les souvenirs sans le faire de manière trop flatteuse ou, au contraire, résolument pessimiste. Pour Augustin, répondre à cette invitation rend disponible à la double expérience de la reconnaissance selon les acceptions différentes de ce mot. En premier lieu, il s'agit de la reconnaissance de l'humanité dans l'homme, dans ses grandeurs et dans ses misères. C'est aussi la reconnaissance, au sens de gratitude, celle qu'éprouve le sage envers la vie et celle du croyant envers Dieu. Ce dernier perçoit la miséricorde du Christ qui prend sur lui les conséquences de la malice à l'œuvre dans les histoires personnelles et universelles. Pour toutes ces raisons, il faudra toujours se souvenir des *Confessions*.

Les Confessions, X, 1 (1) à 29 (40)

Que je te connaisse mon Dieu, toi qui connais l'homme au plus intime de lui-même! Que je te connaisse comme tu me connais! Force de mon âme, pénètre-la, transforme-la, pour qu'elle t'appartienne sans tache ni ride. C'est là mon espérance et la raison du fait que j'en parle.

Ma joie est dans cette espérance dont l'objet est louable. Quant aux choses de cette vie, moins elles méritent qu'on les pleure, plus elles reçoivent nos larmes ; plus elles sont déplorables, moins on les pleure ! Mais toi Seigneur, tu l'as dit, tu aimes la vérité et celui qui vit dans la vérité vient à la lumière. Que cette lumière soit donc dans mon cœur se confessant à toi ; qu'elle soit dans ce livre qui me confesse à tous !

Et quand bien même je te fermerais mon cœur, Seigneur, que pourrais-je te cacher ? Tes yeux ne voient-ils pas dans sa nudité le cœur de l'homme et l'abîme de toute conscience humaine ? C'est toi que je dissimulerais à moi-même sans me soustraire à toi. Et maintenant que je témoigne du dégoût pour mes actes, voilà que ton amour et ta splendeur m'attirent. Tu séduis mon âme et tu stimules mes désirs. J'ai honte de moi et je me rejette pour mieux te choisir. Ainsi, j'en viens à m'aimer moi-même mais par toi.

Quelles que soient mes dispositions, tu me connais donc toujours, Seigneur, et j'ai dit quel fruit je recueillais de ma confession. Je te la fais, non de la bouche et de la voix, mais en paroles de l'âme, en cris de la pensée qu'entend ton oreille. En effet, suis-je mauvais, c'est me confesser à toi que de me déplaire à moi-même ; suis-je pieux, c'est me confesser à toi que de ne pas m'attribuer les bons élans de mon âme. Car c'est toi, mon Dieu, qui bénis le juste, mais après l'avoir d'abord justifié comme pécheur.

Ma confession en ta présence, Seigneur, est donc explicite et tacite : elle se fait dans silence des lèvres mais également par le cris des élans du cœur. Que dis-je de bien aux hommes que tu n'aies d'abord entendu au fond de moi-même et que peux-tu entendre de tel en moi que tu ne m'aies dit d'abord ?

Qu'y a-t-il donc entre moi et les hommes pour qu'ils entendent mes confessions comme s'ils devaient guérir toutes mes langueurs? Race curieuse de la vie d'autrui mais paresseuse à corriger la sienne! Pourquoi s'informent-ils de ce que je suis, quand ils refusent d'apprendre de toi ce qu'ils sont? Et d'où savent-ils, lorsque c'est moi qui leur parle de moi, que je dis vrai, puisque pas un homme ne sait ce qui se passe dans l'homme, si ce n'est l'esprit de l'homme qui est en lui? Mais qu'ils t'écoutent parler d'eux-mêmes, ils ne pourront pas dire: « Le Seigneur a menti. » Qu'est-ce en effet que t'écouter, sinon se connaître? Celui qui nierait ce qu'il a appris de cette manière en affirmant que c'est tout faux, ne ferait-il pas autre chose que de se mentir à lui-même?

Mais comme entre ceux qu'elle unit des liens de sa fraternité, la charité croit tout; je me confesse à toi, Seigneur, de sorte que les autres m'entendent. Je ne puis leur démontrer la vérité de ma confession et toutefois, ceux dont la charité ouvre les oreilles croient à ma parole.

Cependant, ô Médecin intérieur, montre-moi bien l'utilité de ce que je fais. Mes fautes et mes erreurs passées, tu les as pardonnées. Par la grâce de la foi et de ton sacrement, mon âme est transformée; j'ai mon bonheur en toi. Lire ou entendre ces confessions peut raviver les cœurs engourdis et les empêcher de dire: « Je ne puis. » Contre le désespoir, elles éveillent à l'amour de ta miséricorde, aux douceurs de ta grâce. Cette grâce est force des faibles. Elle l'est du fait de ta miséricorde qui leur permet d'avoir la conscience de leur faiblesse. De même, pour le juste, c'est une consolation d'entendre la confession de ceux qui sont affranchis de leurs erreurs passées, non pour se réjouir des manquements eux-mêmes, mais bien parce qu'ils ont été et ne sont plus.

Mais quel fruit attendre, mon Dieu, à qui chaque jour j'expose ma conscience, plus assurée de ta miséricorde que de mon innocence ? Je te le demande, que doit-on espérer de cet écrit de mes confessions face aux hommes et devant toi, non pas tant dans de que j'ai été, mais dans ce que je suis aujourd'hui ? Car le fruit de mes confessions passées, j'en ai déjà reconnu et signalé l'avantage. Actuellement parmi mes lecteurs beaucoup me connaissent mais d'autres non. Certains m'ont entendu, alors que d'autres ont seulement entendu parler de moi, mais tous désirent savoir ce qu'il en est de moi aujourd'hui. Leur oreille n'a pas accès à mon cœur, révélant qui je suis, tel que je suis. Ils veulent donc savoir ce que je puis être au fond de moi-même où ni l'œil, ni l'oreille, ni l'intelligence ne peuvent pénétrer. Ils sont prêts à me croire sans plus de preuve. La charité, qui les anime, confirme que je ne mens pas en leur parlant de moi, et c'est elle, qui en eux, assure la crédibilité de mon témoignage.

Mais quel est leur intérêt précisément ? Veulent-ils se réjouir avec moi en apprenant combien l'action de ta grâce m'a rapproché de toi ? Souhaitent-il prier pour moi, en réalisant à quel point je suis ralenti dans ma course par mon propre poids ? À de tels lecteurs, je me révélerai. Car il n'est pas d'un faible intérêt, mon Dieu, que grâces te soient rendues par plusieurs à mon sujet et que tu sois sollicité à mon sujet par plusieurs autres que moi. Ainsi, que l'âme fraternelle aime en moi ce que tu enseignes d'aimable ; qu'elle plaigne en moi ce que tu montres de repoussant. Mais ces sentiments, je ne les attends que de l'âme fraternelle et non pas de l'étrangère, non pas au fils de l'étranger dont la bouche parle le mensonge, dont la main est une main parjure. Je ne le demande qu'à l'âme fraternelle, qui, si elle m'approuve se réjouit avec moi ; si elle me désapprouve, s'attriste pour moi. Dans la louange comme dans le blâme, elle saura aimer avec constance.

À de tels hommes, je veux me révéler. Qu'ils respirent à la vue de mon bien, qu'ils soupirent au regard de mes maux. Mon bien, c'est par ta main que je l'ai reçu ; mes maux, j'en suis le responsable et tu les juges. Qu'ils se laissent inspirer par ce que tu fais ; qu'ils soient désolés de voir mes maux. Que l'hymne et les larmes montent en ta présence comme un encens provenant de cœurs amis.

Voilà le fruit de ma confession actuelle, non plus en présence de toi seul dans le secret de sentiments mêlés de joie et de tristesse, mais publiée à la face des hommes, associés à ma foi et à ma joie, partageant ma condition mortelle, citoyens de ma cité, voyageurs comme moi, prédécesseurs, successeurs et compagnons de mon pèlerinage.

Ceux-là sont tes serviteurs, mes frères, que tu as fait tes fils ; mes maîtres, que tu m'as commandé de servir, si je veux vivre de toi avec toi. Ton Verbe ne s'est pas contenté d'enseigner comme précepteur, il a pris l'initiative comme guide. Je cherche à l'imiter en acte et en parole, sous ton regard et à l'ombre de tes ailes, à travers de grands périls. Mais sous ce voile protecteur mon âme t'est soumise, et ma faiblesse t'est connue.

Je ne suis qu'un petit enfant, mais j'ai un Père qui vit toujours ; j'ai un tuteur puissant. Celui-là même m'a donné la vie. Il me prend sous son aile. C'est toi, Seigneur, ô mon bien ! ô tout-puissant ! Toi qui es avec moi bien avant que je sois avec toi ! Je révélerai donc à ceux que tu m'ordonnes de servir, non ce que je fus mais ce que je suis encore aujourd'hui. En tout cela, je ne me juge pas moi-même ; qu'on m'écoute donc dans cet esprit !

En vérité, c'est toi Seigneur mon juge. Nul ne sait parmi les hommes les choses qui sont de l'homme si ce n'est l'esprit de l'homme qui est en lui. Et même s'il y a quelque chose de l'homme qu'ignore l'esprit qui est en lui, toi Seigneur, tu les sais, car c'est toi qui l'a conçu.

Et j'ai l'espérance que dans la fidélité, ne permettant pas que nous soyons tentés au-delà de nos forces, tu nous donnes la puissance de sortir vainqueur de la tentation. Ainsi, il est possible pour nous de persévérer. Je confesserai donc de moi ce que je sais, mais aussi ce que j'ignore. Car ce que je sais de moi, je le connais à ta lumière. Ce que j'ignore de moi, je l'ignore jusqu'à ce que ta face change mes ténèbres en un soleil éclatant en plein midi.

Ce que je sais, dans la certitude de ma conscience Seigneur, c'est que je t'aime. Tu as transpercé mon cœur par ta parole et, dès cet instant, je t'ai aimé. Le ciel, la terre et tout ce qu'ils contiennent ne disent-ils pas aussi par leur splendeur qu'il faut t'aimer ? Ils ne cessent de parler aux hommes, afin qu'ils soient sans excuse de ne pas écouter. Mais de manière plus profonde encore, tu auras pitié de qui tu voudras et le langage de ta miséricorde parlera encore plus fort pour éviter que le ciel et la terre adressent leurs louanges à des sourds.

Qu'est-ce j'aime en t'aimant ? Ce n'est pas la beauté d'un corps ni la gloire de ce monde, ni l'éclat de la lumière aimable à nos yeux, ni les douces mélodies du chant, ni la suave odeur des fleurs et des parfums, ni la manne, ni le miel, ni les douces étreintes de ceux qui s'embrassent. Ce n'est pas là ce que j'aime en aimant mon Dieu. Pourtant, lors même que je l'aime, j'aime une certaine lumière, une sorte de mélodie, une espèce d'odeur, un certain aliment, une forme d'étreinte. Cette lumière, cette mélodie, cette odeur, cet aliment, cette étreinte, sont suivant l'ordre de l'homme intérieur : lumière, harmonie, senteur, saveur, amour de l'âme, qui défient les limites de l'étendue et les mesures du temps. En moi s'exhale un parfum que le vent ne saurait disperser, je goûte des aliments dont les saveurs ne sont pas réduites par voracité, je jouis d'étreintes qui ne sont pas atténuées par l'habitude. Voilà ce que j'aime en aimant mon Dieu.

Et qu'est-ce que cela ? J'ai interrogé la terre et elle m'a dit : « Ce n'est pas moi. » Et tout ce qu'elle contient m'a fait le même aveu. J'ai interrogé la mer, les abîmes et les êtres animés qui glissent sous les eaux ; ils ont répondu : « Nous ne sommes pas ton Dieu, cherche au-dessus de nous. » J'ai interrogé les vents qui soufflent, et l'air tout entier avec ses habitants m'a répondu : « Anaximène[50] se trompe, je ne suis pas Dieu. » J'interroge le ciel, le soleil, la lune, les étoiles, et ils me répondent : « Nous ne sommes pas non plus le Dieu que tu cherches. » Et je dis enfin à tous les objets qui se pressent aux portes de mes sens : « Parlez-moi de mon Dieu, puisque vous ne l'êtes pas ; dites-moi de lui quelque chose. » Et ils me crient d'une voix éclatante : « C'est lui qui nous a faits. »

La voix seule de mon désir interrogeait les créatures et leur seule beauté était leur réponse. Et je me tournai vers moi-même et je me suis dit : « Et toi, qu'es-tu ? » Alors j'ai répondu : « Je suis un homme. » Voilà un corps et une âme ; l'un est l'extérieur, l'autre est au-dedans de moi. Auquel dois-je m'adresser pour trouver mon Dieu ? Je l'avais déjà cherché, à travers le voile de mon corps, en interrogeant la terre jusqu'au ciel, aussi loin que je puisse lancer en émissaires les rayons de mes yeux ?

Mais le meilleur est l'homme intérieur. C'est à lui que s'adressent mes sens, comme autant de messagers, voulant rendre compte de leurs découvertes, et acceptant le juste décret de son discernement au sujet des réponses du ciel, de la terre et de tout ce qu'ils renferment, lorsqu'ils s'écriaient : nous ne sommes pas Dieu, mais son ouvrage. L'homme intérieur se sert de l'autre comme instrument de sa connaissance externe ; moi, cet homme intérieur, moi esprit, j'ai cette connaissance par les sens corporels. J'ai cherché mon Dieu en interrogeant l'univers, et il m'a répondu : Je ne suis pas Dieu, je suis son œuvre[51].

Mais l'univers n'offre-t-il pas la même apparence à quiconque jouit de l'intégrité de ses sens ? Pourquoi donc ne tient-il pas à tous le même langage ? Les animaux, grands comme petits, le voient, mais ils ne peuvent pas l'interroger. Ils n'ont pas l'usage d'une raison, maître de son jugement et présidant aux rapports avec les sens. Cependant, la race humaine a ce pouvoir afin que les grandeurs cachées de Dieu soient manifestées par l'intelligence de son œuvre. Mais certains cèdent à l'amour des choses créées ; obnubilés par elles, ils ne peuvent plus être de bons juges.

Ainsi, toutes ces grandeurs ne se dévoilent qu'à ceux qui les interrogent avec discernement. Leur langage ou plutôt leur nature semble varier selon que l'un ne fait que voir alors que l'autre, tout en voyant, sait interroger. Mais dans la constance de leur apparence elles semblent muettes aux uns alors qu'elles parlent aux autres. En fait, elles parlent à tous mais elles ne sont entendues que de ceux qui confrontent leurs dispositions sensibles avec le témoignage intérieur de la vérité. Car la Vérité me dit : « Ton Dieu n'est ni le ciel ni la terre ni tout autre corps. » Et leur nature même dit aux yeux : « Toute grandeur corporelle est moindre en sa partie qu'en son tout. » Et toi mon âme, tu es supérieure à tout cela, car tu donnes au corps cette vie végétative que nul corps ne peut donner à un autre. Mais ton Dieu est plus encore. Il est la vie même de ta vie.

Qu'ai-je donc aimé, en aimant mon Dieu ? Quel est ce Dieu qui domine de si haut les sommets de mon âme ? Mon âme elle-même me servira de tremplin pour monter à lui. Je franchirai cette force vitale qui me lie à mon corps et remplit mes organes de vitalité. Mais cette force ne peut pas me faire trouver Dieu. Si tel était le cas, elle permettrait au cheval ou au mulet dépourvus de la raison, de le trouver lors même qu'ils sont aussi animés par cette même force.

Il est une autre puissance qui donne la vie et la sensibilité à cette chair dont Dieu m'a doté ; par elle, il est interdit à l'œil d'entendre ou à l'oreille de voir, car elle coordonne en moi la vision comme l'audition. Elle maintient tous les sens chacun à son poste et dans sa fonction. Elle me permet d'agir en utilisant la diversité de leurs fonctions, tout en maintenant l'unité de mon esprit. Mais j'irai encore au-delà de cette puissance puisque je la partage avec le cheval et le mulet. Tout comme moi, ils sont doués de la sensibilité corporelle.

Je franchirai donc ces forces de mon être, pour m'élever comme par degrés jusqu'à celui qui m'a fait. J'accéderai alors à de grands espaces et aux vastes palais de la mémoire[52], où sont rangés les innombrables trésors des images introduites par la porte des sens. Là sont logées toutes les pensées de notre esprit. Elles augmentent, diminuent ou changent les objets atteint par nos sens. On y trouve aussi toutes les images mises en réserve qui n'ont pas été englouties et ensevelies dans l'oubli.

Quand je suis dans ce palais, je convoque les souvenirs afin que se présentent ceux que je désire. Certains objets paraissent sur-le-champ, d'autres se laissent chercher davantage. Parfois, il faut les tirer comme d'un recoin obscur ; d'autres s'élancent en se bousculant et tandis que l'on appelle l'un d'eux, accourant tous à la fois, ils semblent dire à l'unisson : « N'est-ce pas moi que tu demandes ? » Alors la main de mon esprit les éloigne du visage de ma mémoire, jusqu'à ce que l'objet désiré sorte de sa cachette. D'autres enfin se présentent en ordre, sans peine, selon le rang où je les appelle. Les premiers cèdent la place aux suivants pour entrer à leur poste et reparaître selon mon désir. C'est ce qui se passe exactement lorsque je raconte quelque chose de mémoire.

Dans ce palais se conservent, distinctes et sans mélange, les espèces introduites chacune par une entrée particulière : la lumière, les couleurs, les figures corporelles, par les yeux ; tous les sons, par l'oreille ; toutes les odeurs, par le passage des narines ; toutes les saveurs, par la voie du palais ; par le sens diffus dans le corps entier, tout objet dur ou mou, chaud ou froid, doux ou rude, lourd ou léger, qui affecte le corps, tant du dehors que du dedans. La mémoire les accueille toutes dans ses vastes salles, où, au besoin, je les compte et les passe en revue. Ineffables replis, dédale profond, où tout entre par le seuil qui l'attend et se range avec ordre ! Et ce n'est pas toutefois la réalité, mais l'image de la réalité sentie qui entre pour revenir au rappel de la pensée.

Qui pourrait dire comment se forment ces images ? On sait par quel sens elles sont recueillies et mises en réserve. Même si je demeure dans les ténèbres et le silence, ma mémoire me présente à volonté les couleurs et distingue le blanc du noir. Les sons ne font pas incursion et n'interfèrent pas sur les perceptions de mes yeux et, quoique présents, ils semblent se retirer et se tenir à part. Je les demande et ils viennent aussitôt. Parfois encore, la langue immobile et le gosier silencieux, je chante comme il me plaît sans que des images de couleurs ne me troublent ni ne m'interrompent alors que je reprends un autre trésor qui a été versé dans mon oreille. Ainsi je visite au loisir de mes souvenirs ces magasins approvisionnés par les sens. Je distingue, sans recours immédiat à l'odorat, la senteur des lys de celle des violettes. Je préfère la douceur du miel à l'amertume des saveurs résinées, le poli à l'aspérité, sans rien goûter ni toucher mais seulement à l'aide du souvenir.

Tout cela se passe en moi, dans l'immense palais de ma mémoire. J'y fais comparaître le ciel, la terre, la mer, avec toutes les impressions que j'en ai reçues, hormis celles que j'ai oubliées. Là je me rencontre moi-même, je me souviens de moi, des temps, des lieux, des circonstances de mes actions passées, je me souviens même des sentiments dont j'étais affecté en faisant ces actions. Là résident aussi les souvenirs de mon expérience personnelle et des témoignages reçus. Grâce à cette matière, puisée dans les vastes réserves de ma mémoire, je tisse une trame composée de ces expériences et des témoignages passés, j'y inclus également l'anticipation d'événements, d'actes et d'espoirs à venir et je pense et repense tout cela de manière actuelle et présente. Dans ces vastes plis de mon intelligence, peuplés de tant d'images, je me dis à moi-même : « Je ferai ceci ou cela et il s'ensuivra ceci ou cela. » Je dis encore : « Oh ! si telle ou telle chose pouvait arriver ! Plaise à Dieu ! à Dieu ne plaise ! » Tandis que je discute de la sorte en moi-même, les images des objets qui m'intéressent émergent du trésor de ma mémoire, alors qu'en leur absence, il me serait impossible d'en parler.

Que cette puissance de la mémoire est grande, tellement grande, ô mon Dieu ! C'est un sanctuaire vaste et infini ! Qui pourrait aller au fond ? C'est une puissance de mon esprit, une propriété de ma nature et moi-même je ne comprends pas tout ce que je suis. L'esprit est donc trop étroit pour se contenir lui-même ! Mais où se trouve donc ce qu'il ne peut saisir de lui ? Serait-ce hors de lui ? ou plutôt, n'est-ce pas en lui ? Comment est-il possible pour lui de ne pas se saisir ?

Tout ce questionnement me confond ; je suis tiraillé entre : admiration et stupeur. Voilà que les hommes vont admirer les cimes des monts, les vagues de la mer, le vaste cours des fleuves, l'ample contour des océans et le

mouvement des astres et ils se laissent eux-mêmes de côté[53]!
Ils ne s'étonnent pas qu'au moment où je parlais de tout
cela, je ne voyais rien par les yeux. Ils ne considèrent pas
que j'aurais été incapable de parler si tout cela : montagnes,
vagues, fleuves, astres que j'ai déjà vus et les océans auxquels
je crois, n'étaient en ma mémoire avec les mêmes dimen-
sions qu'au moment où je les parcourais du regard.
Toutefois, lorsque ma vue s'est portée sur ces spectacles,
elle ne les a pas absorbés. Ces réalités ne sont pas en moi,
mais seulement leurs images et je sais par quel sens corporel chacune des impressions est entrée en moi pour former
ces images.

Là ne se limite pas le contenu de l'immense capacité
de ma mémoire. Elle porte encore en elle tout ce que j'ai
accumulé de connaissances et que l'oubli ne m'a pas encore dérobé. On y trouve les savoirs relevant des disciplines
libérales. Elles sont présentes plus profondément en moi,
en un lieu qui en fait n'est pas un lieu. À dire vrai, dans ce
cas, on ne parle plus d'images, mais bien de réalités, enfouies à l'intérieur de moi. Car ce que je sais de la littérature, de l'art de la dialectique ou encore de la façon dont
on divise les nombreux types de questions, n'est pas entré
dans ma mémoire à la manière d'une image. Celle-ci, en
pénétrant en moi, laisse la réalité derrière elle. Ainsi, le son
résonne et disparaît, comme la voix qui laisse une trace et
fait vibrer l'ouïe alors qu'elle a cessé de résonner. C'est
comme une odeur qui, dissipée par le vent, pénètre l'odorat et porte à la mémoire une image qui réapparaît au bon
vouloir du souvenir. Ou encore, c'est comme un aliment
n'ayant plus de saveur sinon qu'au palais de la mémoire.
De même en est-il de l'objet que la main a touché et dont
l'éloignement n'efface pas l'empreinte laissée en moi. Dans
tous ces cas, ce ne sont pas des réalités qui se trouvent dans
ma mémoire mais seulement des images, qui, saisies avec
une étonnante rapidité, sont rangées dans de non moins

étonnants compartiments, d'où elles sont tirées par la main merveilleuse du souvenir.

Tout au contraire, quand j'entends dire qu'il y a trois sortes de questions : celles qui posent l'existence, l'essence ou la qualité des choses comme des êtres, nul doute que des sons qui composent ces mots, je retiens l'image. Je sais qu'ils ont traversé l'air et qu'ils ne sont plus. Mais les réalités mêmes, exprimées par ces sons, je ne les ai perçues par aucun sens corporel ; je ne les ai nulle part que dans mon esprit et ce sont elles, non leur image, qui logent dans ma mémoire. Par où sont-elles entrées en moi ? Qu'elles le disent, si elles le peuvent ! Je fais le tour de toutes les portes de ma chair et je n'en trouve aucune qui puisse leur ouvrir un passage.

Les yeux disent : « Si elles sont colorées, c'est nous qui les avons introduites » ; si elles sont sonores, les oreilles disent : « Nous les avons fait entrer » ; « s'il s'agit d'odeurs, clament les narines, c'est par nous qu'elles sont passées » ; et le goût d'ajouter : « S'il n'est pas question de saveur, ne me demande rien. » Le toucher, pour sa part, affirme : « Ses réalités existent-elles sans occuper un espace ? C'est donc qu'elles ne sont pas tangibles et ainsi, je n'ai pu rien transmettre. »

Par où et comment sont-elles entrées dans ma mémoire ? Je l'ignore. Quand je les ai saisies, ce n'est pas sur le témoignage d'une intelligence étrangère à la mienne que je les ai connues, mais j'ai reconnu leur vérité dans mon esprit et je les lui ai confié, comme un dépôt, pour me les rendre disponibles selon mes désirs. Elles étaient donc déjà en moi avant que je ne les aie apprises sans être pour autant dans ma mémoire. Mais où donc et comment, quand on m'en a parlé, les ai-je reconnues, en disant : « Il en est ainsi et c'est bien vrai. » Ne faut-il pas croire qu'elles étaient déjà dans ma mémoire, ensevelies très profondément dans

quelques replis secrets et que, peut-être, sans un avertissement à les exhumer, je n'aurais jamais pu les penser ?

Ainsi, acquérir les notions qui ne se transmettent pas
à nos sens par image, mais dont nous percevons en nous
la réalité même, par intuition directe, n'est après tout que
colliger dans l'esprit ce que notre mémoire contient çà et
là, en recommandant à la pensée, par ses cogitations, de
réunir ces fragments épars et négligés pour les garder à
portée de main.

Combien ma mémoire garde en son sein des notions
de cet ordre, déjà découvertes et disponibles à portée de
main. Voilà ce que l'on nomme apprendre et connaître.
Que je cesse de les appeler de temps en temps, elles s'échap-
pent et regagnent le fond des plus lointains replis. Alors, il
faut que la pensée, pour les retrouver, les cherche comme
si c'était la première fois. Elle les rassemble du même lieu
(car elles ne changent pas de demeure), afin de les connaître, c'est-à-dire de les rallier dans leur dispersion. Voilà
pourquoi le terme *cogitare* (penser) est un fréquentatif de
cogere (rassembler), comme c'est le cas pour *agito* en relation
avec *ago* ou *factito* en rapport avec *facio*. Mais l'esprit s'est
approprié ce terme (*cogito*) et il le réclame pour lui seul[54].

La mémoire renferme aussi les propriétés et les lois
innombrables du nombre[55] et de la mesure et nulle d'elles
ne lui a été transmise par les sens, car elles ne sont ni colorées, ni sonores, ni odorantes, ni savoureuses, ni tangibles.
Bien entendu, mon oreille entend le son des mots qui les
désignent quand on en parle, mais autre est le son, autre
la réalité. En effet, les mots ont des sons différents en grec
ou en latin, mais la chose désignée n'est ni grecque ni latine, elle est toujours la même sans appartenir à aucune
langue particulière.

J'ai vu des lignes tracées avec l'adresse de la main experte, elles étaient aussi fines que le fil de l'araignée. Mais les lignes conservées dans ma mémoire sont d'un autre ordre, elles se présentent sans image, sans que mon œil de chair n'intervienne. Elles sont évidentes à l'esprit qui les reconnaît en l'absence de tout recours aux sens corporels.

J'ai également reçu par les sens les sons qui signalent la présence des « nombres nombrés », c'est-à-dire ces nombres grâce auxquels je peux compter les objets qui m'entourent et dont je peux laisser la marque en comptant. Mais il n'en est pas ainsi des « nombres nombrants » lesquels ne sont pas les images des premiers. Ils existent dans mon esprit, indépendamment des sens. Telle est l'excellence de leur être. Qu'il se moque de moi, celui qui en lisant ce que je dis ici ne voit rien, car, moi, je plains ce moqueur.

Je me souviens de toutes ces notions grâce à ma mémoire et je me souviens, par ma mémoire, de la façon dont je les ai apprises. Je me souviens des objections et de tous les faux raisonnements élevés contre elles. Je me souviens de la fausseté des erreurs, mais ce souvenir du faux n'est pas faux. Je me souviens que la mémoire de ces erreurs est vraie. Je me souviens que le discernement distinguant le faux du vrai sur ces points controversés est présent à mon souvenir.

Je vois encore qu'il faut faire une différence entre ce discernement actuel et le souvenir de ce même discernement, souvent évoqué dans l'exercice des opérations de ma pensée. Je me souviens par conséquent d'avoir posé cet acte d'intelligence par le fait d'un discernement actuel. Ces réflexions d'aujourd'hui, je les serre dans ma mémoire pour pouvoir me les rappeler plus tard. Alors, je m'en souviendrai telles que présentement je les conçois. J'ai donc la possibilité du souvenir de m'être souvenu et c'est toujours par la force de ma mémoire que je me souviendrai du souvenir de ce souvenir.

Ma mémoire conserve aussi les passions de mon esprit, non pas comme elles y sont lorsqu'il en est affecté, mais elle les conserve dans la condition de sa puissance propre. Ainsi, je me souviens mes joies, mes tristesses, mes craintes d'autrefois, mes désirs passés, libre en ce moment de tristesse et de joie, de désir et de crainte. Parfois, au contraire, je me souviens avec joie de mes tristesses disparues comme de mes joies avec tristesse.

Qu'il en soit ainsi à l'égard des affections sensibles, rien d'étonnant car l'esprit est un être et le corps un autre. Que je me souvienne avec joie d'une douleur que mon corps ne souffre plus, j'en suis peu étonné. Mais ici, la mémoire s'identifie avec l'esprit. En effet, si je confie à un homme un souvenir à conserver, je lui dis : « Mets-toi bien cela dans l'esprit. » S'il m'arrive d'oublier, ne dirai-je pas : « Je n'avais pas cela à l'esprit, » ou bien, « ça m'est sorti de l'esprit » et ainsi, je donne à la mémoire elle-même le nom d'esprit.

Cela dit, d'où vient donc qu'au moment où je me souviens avec joie de ma tristesse passée, la joie est dans mon esprit alors que la tristesse est dans ma mémoire ; que l'esprit soit réjoui de cette joie, sans que la mémoire soit triste de cette tristesse ? Est-ce que la mémoire est indépendante de l'esprit ? Qui oserait le prétendre ?

Peut-être faut-il voir la mémoire comme l'estomac de l'esprit et la joie comme la tristesse sont des aliments doux et amers, passant et séjournant dans ses cavités mais tout en étant dépourvus de saveur. Il serait ridicule de considérer ces deux actes comme similaires encore qu'ils ne sont pas sans aucune similitude.

Or, quand je dis que l'âme est troublée par quatre passions, le désir, la joie, la crainte et la tristesse, c'est de la mémoire que je tire tous les éléments de discussion sur ce sujet et toutes mes divisions et définitions selon le genre et la différence. Pourtant, ce souvenir de passions troublantes ne m'affecte d'aucun trouble, quand je me souviens. Mais elles étaient enfouies en moi ces passions, sinon il aurait été impossible de les rappeler pour les tirer de ce trésor où je les puise.

Mais, encore une fois, le mouvement de la mémoire à l'esprit n'est-il pas comparable à celui de l'estomac à la bouche, comme une sorte de rumination ? S'il en est ainsi, pourquoi donc le souvenir de la joie ou de la tristesse n'est-il pas accompagné de douceur ou d'amertume, arrivé au palais de la pensée ? Est-ce donc ici que s'arrête l'analogie ? Qui supporterait en effet la douleur de la tristesse ou de la crainte à chaque fois qu'il prononcerait le mot « tristesse » ou le mot « crainte » ? Cependant il nous serait impossible d'en parler, si nous ne trouvions dans notre mémoire non seulement l'image que le son de ces mots y a gravé, mais encore les notions des réalités elles-mêmes. Celles-ci ont été introduites sans frapper à aucune porte charnelle ; c'est l'esprit qui les a confiées à la mémoire après les avoir éprouvées, ou encore la mémoire les a-t-elle emmagasinées d'elle-même sans recourir à un acte distinct de la volonté.

Ce mouvement, s'opère-t-il au moyen d'images, ou non ? Qui pourrait le dire ? Je dis « pierre », je dis « soleil », en l'absence des objets correspondants, mais en présence de leur image conservée par la mémoire. Je désigne la douleur physique sans en éprouver aucune. Cependant, si son image ne se présentait pas à ma mémoire, je ne saurais pas de quoi je parle quand j'en discute ; je ne pourrais même pas la distinguer de son contraire, le plaisir. Je me dis en bonne santé lorsque mon corps est sain ; je nomme ainsi la chose et j'en éprouve actuellement l'état. Toutefois, si l'image de cet état n'était pas fixée dans ma mémoire, le son de cette expression n'évoquerait aucune signification à mon souvenir. Le nom même de « santé » ne serait pour les malades qu'un emprunt à une langue inconnue si la puissance de leur mémoire ne retenait pas l'image d'une réalité qui, pour eux, est absente. Je nomme les « nombres nombrants » et les voilà qui surgissent en ma mémoire, ils se présentent eux-mêmes et non leur image. Je nomme l'image du soleil, et elle est dans ma mémoire et ce n'est pas l'image de l'image que je me représente, mais l'image elle-même. Je nomme la mémoire et je reconnais ce que je nomme et, où puis-je le reconnaître, sinon dans la mémoire ? Serait-ce donc par son image, et non par sa réalité, qu'elle serait présente à elle-même ?

Mais quoi ! Lorsque je nomme l'oubli, je reconnais ce que je nomme et comment le reconnaîtrais-je, si je ne m'en souvenais ? Je ne parle pas du son de ce mot, je parle de l'objet dont il est le signe et qu'il me serait impossible de reconnaître si la signification de ce son m'était inconnue. Ainsi, quand je me souviens de la mémoire, c'est elle-même qui se présente à elle-même ; quand je me souviens de l'oubli, mon souvenir implique deux choses : la mémoire qui actualise le souvenir et l'oubli qui est objet de ce souvenir.

Mais qu'est-ce que l'oubli, sinon une privation de mémoire ? Comment donc est-il présent en moi, pour que je me souvienne de lui, lui dont la présence annihile toute possibilité de souvenir ? Or, s'il est vrai que, pour se rappeler, la mémoire doit retenir et que faute de se rappeler elle oublie : comment expliquer le souvenir de l'oubli ? Le mot même qui désigne l'oubli ne signifierait rien pour nous si la mémoire ne retenait pas quelque chose de lui. Ne faut-il pas inférer de cela que ce n'est pas par la réalité elle-même, mais par une image, que l'oubli revient à la mémoire ? Si la réalité était présente plutôt que l'image, ne nous ferait-elle pas oublier plutôt que souvenir ? Qui pourra comprendre et distinguer les mystères de tels phénomènes ?

Pour ma part, Seigneur, je m'y acharne et c'est sur moi que je m'acharne. Voilà que je suis à moi-même un sol ingrat, terre aride dispensatrice de sueurs torrides. Mais voilà, il faut constater que je ne suis pas en train de sonder la profondeur des voûtes célestes, je ne mesure pas les distances des astres, je ne recherche pas la loi de l'équilibre terrestre! Non, ce que je cherche est dans ma mémoire qui est en moi et c'est dans mon esprit qui est en moi, que je me perds! Que tout ce que je ne suis pas soit loin de moi, rien d'étonnant, mais qu'y a-t-il de plus près de moi que moi-même? Je ne peux pas comprendre la puissance de ma mémoire, moi qui, sans elle, ne pourrais pas même dire mon nom!

Je me souviens donc de l'oubli, j'en suis certain, mais comment l'expliquer? Est-ce que je vais dire que ne réside pas dans ma mémoire ce dont je me souviens? Est-ce que je vais soutenir que l'oubli n'y réside que pour m'empêcher d'oublier? Il s'agit bien là de deux positions absurdes. Est-ce que je vais prétendre encore que ma mémoire ne conserve que l'image de l'oubli, et non l'oubli même? Puis-je soutenir cela, s'il est nécessaire que l'impression de l'image dans la mémoire soit devancée par la présence de l'objet même dont se détache l'image? C'est ainsi que je me souviens de Carthage, des lieux que j'ai parcourus, des visages que j'y ai vus et de toutes les impressions que m'ont transmis les sens sur mon état physique, impressions de bien-être ou impressions de malaises. Ces réalités étaient là quand ma mémoire s'empara de leur image et elle me la réfléchit en leur présence. Elle peut aussi la reproduire dans mes souvenirs en absence de la réalité elle-même.

Si l'oubli demeure dans ma mémoire, non par lui-même, mais en image, il a donc fallu qu'il soit présent pour que son image lui fût dérobée? Et s'il était présent, comment a-t-il pu graver son image, là où sa présence efface toute empreinte? Et pourtant, si incompréhensible et inexplicable que soit ce mystère, je suis certain de me souvenir de l'oubli, ce meurtrier du souvenir.

C'est quelque chose de grand que la puissance de la mémoire. Une sorte d'horreur me saisit, ô mon Dieu, quand j'entrevois la profondeur de ces multiples abîmes! Cela, c'est mon esprit et cela, c'est moi-même. Qui suis-je, ô mon Dieu? quelle est ma nature? Une vie variée aux formes multiples et dotée de potentialités immenses!

Et voilà que je cours à travers les territoires de ma mémoire et je visite ces antres, ces cavernes innombrables, peuplées à l'infini d'innombrables espèces. Certaines habitent par image, comme les corps; par elles-mêmes, comme les sciences; par je ne sais quelles notions, quels signes, comme les affections morales qui, n'opprimant plus l'esprit, restent néanmoins captives de la mémoire, quoique rien ne soit dans la mémoire qui ne soit dans l'esprit. Je vais, je cours, je vole çà et là et je vais partout, aussi avant que possible, et repoussant les limites de toutes parts! Combien est vaste l'empire de ma mémoire! Combien profonde la vie de l'homme vivant dans la condition mortelle.

Que faire, ô vie véritable, ô mon vrai Dieu? Je franchirai aussi cette puissance de mon être qui s'appelle mémoire, je la franchirai pour m'élancer vers toi, lumière très douce. Que me réponds-tu? Voilà que, montant par mon esprit jusqu'à toi, qui demeures au-dessus de moi, je laisse au-dessous cette puissance qui s'appelle mémoire, jaloux de t'atteindre où l'on peut t'atteindre; de m'attacher à toi, où l'on peut s'attacher à toi. Car les bestiaux et les oiseaux ont la mémoire pour retrouver leurs tanières, leurs nids, leurs habitudes. Sans la mémoire, ils n'auraient aucune faculté d'adaptation.

Je passe par-delà ma mémoire pour arriver à Celui qui m'a distingué des bestiaux et m'a fait plus sage que les oiseaux du ciel. Je dépasse donc ma mémoire. Mais où te trouverai-je, bonté véritable, ma sécurité et mon délice ? Où te trouverai-je ? Si je te trouve hors de ma mémoire, est-ce dire que je t'ai oublié ? Si je t'ai oublié, alors comment te trouver ?

La femme qui a perdu sa drachme et l'a cherchée avec sa lampe, ne se souvient-elle pas de quelque chose pour la trouver ? S'il en était autrement pourrait-elle, en la trouvant, la reconnaître ? Je me souviens avoir cherché et retrouvé beaucoup d'objets perdus. Mais commet le sais-je ? Quand j'étais en train de chercher, on me disait : N'est-ce pas cela que tu cherches ? Je répondais non, tant que l'objet ne m'était pas présenté. Car enfin, s'il n'y avait pas quelques traces dans ma mémoire, c'est en vain que l'on aurait mis sous mes yeux des objets que de toute façon j'aurais été incapable de reconnaître faute du souvenir de les avoir connus. Il en est toujours ainsi toutes les fois qu'on cherche et recouvre ce qu'on avait perdu. Un objet tangible et donc visible peut être soustrait à mon regard, il ne l'est pas à ma mémoire. Elle le retient par son image et, sur cette image intérieure, le reconnaît en le retrouvant. Car nous ne pouvons retrouver sans reconnaître, ni reconnaître sans nous souvenir. La mémoire conserve l'objet qui était perdu pour les yeux. Mais quoi ! Si la mémoire elle-même a perdu quelque chose, quand, par exemple, nous avons oublié et que nous cherchons de nous ressouvenir, où cherchons-nous, sinon dans la mémoire elle-même ? À cette occasion, la mémoire nous présente-t-elle un souvenir pour un autre, nous le repoussons. Ce n'est qu'en présence de l'objet de notre recherche que nous nous exclamons : « Le voici ! » Pour qu'il en soit ainsi, il faut le reconnaître et pour le reconnaître, ne faut-il pas se souvenir ? Pourtant ne l'avions pas oublié ? C'est donc que tout n'était pas entièrement perdu. C'est donc à l'aide de ce qui nous reste que nous cherchons ce qui nous échappe. La mémoire se sent dépourvue de son aisance ordinaire et, comme disloquée par l'absence d'un membre, elle réclame ce qui lui manque.

C'est le cas lorsque se présente à nous un homme que nous connaissons mais dont le nom nous échappe. Nous cherchons son nom et tous ceux qui défilent en nous sont écartés jusqu'à ce que se présente enfin celui qui s'adapte naturellement à la représentation qui convient. Mais d'où émerge-t-il, ce nom, sinon de la mémoire? Car, le reconnaissons-nous sur l'avis d'un tiers, c'est encore elle qui le reconnaît. Ce nom n'est pas un étranger qui sollicite en nous un acte de foi, mais un hôte de retour, dont nous constatons l'identité. Autrement, quel avis pourrait éveiller un souvenir entièrement effacé dans notre esprit? Ce n'est donc pas tout à fait oublier une chose que de se souvenir de l'avoir oubliée. Nous ne pouvons chercher un objet perdu, si aucun souvenir ne nous en est resté.

Est-ce ainsi que je te cherche, Seigneur? Te chercher, c'est chercher la vie heureuse. Oh! Que je te cherche, pour que mon âme vive. Elle est la vie de mon corps et tu es sa vie. Est-ce donc ainsi que je cherche la vie heureuse? Car je ne l'ai pas trouvée, tant que je n'ai pas affirmé là où il faut le dire: C'est assez! Est-ce ainsi que je la cherche? Est-ce par souvenir, comme si je l'avais oubliée, tout en gardant conscience de mon oubli? Est-ce par désir de l'inconnu? Soit que je n'en aie jamais rien su, soit que j'aie tout oublié jusqu'à la mémoire de mon oubli.

Mais n'est-ce pas cette vie heureuse après laquelle tous les hommes soupirent et que nul ne dédaigne? Où l'ont-ils connue pour la désirer ainsi? Où l'ont-ils vue pour l'aimer? Il faut donc qu'elle soit avec nous mais de quelle manière, je l'ignore. Certains disent être effectivement heureux alors que d'autres vivent en espérant l'être. Il est clair que celui qui est effectivement heureux possède plus le bonheur que celui qui dit seulement l'espérer. De même est-il de celui qui affirme ne pas être heureux, ni n'espérer l'être, on peut dire qu'il ne possède rien de la vie heureuse. Cependant, même celui-là en possède une certaine notion et à un certain degré, puisqu'il cherche et exprime une volonté d'être heureux.

Quelle est donc cette notion dans l'homme? Sous quel mode est-elle présente en lui? je confesse mon ignorance. Est-elle dans sa mémoire? C'est le problème qui m'intéresse. Si tel est le cas, on pourrait envisager que nous ayons déjà été heureux. Est-ce d'un point de vue individuel, est-ce à travers le premier homme, premier pécheur, en qui nous sommes tous morts et de qui nous sommes marqués par la misère. Ce n'est pas cet aspect des choses que je souhaite examiner maintenant. Ce que je veux établir est si la notion de bonheur réside dans la mémoire[56].

Cette notion ne peut pas être complètement inconnue puisque nous l'aimons. En effet, est-il quelqu'un qui n'aspire pas au bonheur? Nous connaissons le mot, mais c'est pour la chose que convergent nos désirs. Est-ce donc le son de ce mot qui nous plaît? Qu'importe au Grec ce mot latin dont il ignore le sens mais on comprend son plaisir à entendre ce mot dans sa langue. C'est que la vie heureuse n'est ni grecque ni latine mais tout homme de toute langue aspire à la vivre. Trouvez un mot compris de tous pour leur demander s'ils veulent être heureux: «oui, répondront-ils sans hésiter», ce qui serait impossible, si ce nom n'exprimait pas une réalité conservée dans leur mémoire.

Mais qu'en est-il de ce souvenir, est-il comme de celui de Carthage pour qui l'a vue? Non, la vie heureuse n'est pas un corps; les yeux ne l'ont pas vue. S'en souvient-on à la manière des nombres? Non, car leur notion ne s'accompagne pas d'autres désirs, comme la notion de la vie

heureuse inspire en nous l'amour et le désir de sa posses-
sion.

S'en souvient-on comme de l'éloquence ? Non, ce mot
suggère à plusieurs, qui ne sont pas éloquents, le souvenir
et le désir de la chose. Telle est la preuve qu'elle existe dans
leur esprit. C'est par la voie des sens et parce qu'ils ont été
émus par l'éloquence d'autrui qu'ils ont éprouvé du plaisir
et qu'ils ont nourri le goût de la posséder. Sans doute, il
faut considérer que sans connaissance intérieure, il ne peut
y avoir ni plaisir ni désir de posséder. Mais en ce qui a trait
à la vie heureuse et, contrairement à l'éloquence, aucun
sens extérieur ne nous permet de goûter au bonheur
d'autrui.

En va-t-il donc comme du souvenir de la joie ? Peut-
être, car si je me souviens de la joie dans la tristesse, je peux
me souvenir de la vie heureuse dans ma misère. Cette joie
n'a jamais été le fait d'une transmission par les sens corporels, ni la vue, ni l'ouïe, ni l'odorat, ni le goût, ni le toucher
n'ont servi à la perception. Il s'agit plutôt d'un pur sentiment de l'esprit, dont l'impression, conservée dans ma
mémoire, réveille en moi le regret ou le désir, suivant la
diversité des objets qui l'ont fait naître. Il fut un temps où
je me réjouissais de la honte et mon cœur se souvient
aujourd'hui de ces « joies » avec horreur. J'ai parfois goûté
le plaisir du bien et je m'en souviens avec nostalgie. En
l'absence du bien présent, je me rappelle avec tristesse ma
joie passée.

Mais en quel lieu, en quel temps ai-je vécu ma vie
heureuse pour m'en souvenir, pour l'aimer, pour la désirer ?
Il ne s'agit pas ici d'un caprice de ma part ou de celui de
quelques hommes, car tous les hommes veulent être heureux. Une telle volonté universelle d'être heureux ne peut
indiquer que l'idée de bonheur est inscrite en nous avec la
même universalité.

Demandez à deux hommes s'ils veulent être soldats : l'un dira oui l'autre non. Demandez-leur s'ils veulent être heureux, tous deux répondront sans hésiter que tel est leur souhait le plus cher. Pourtant ce même désir appelle l'un aux armes tandis qu'il en détourne l'autre. Ne serait-ce pas que, trouvant leur plaisir, l'un ici, l'autre là, tous deux s'accordent néanmoins dans leur volonté d'être heureux. Comme ils s'accorderaient dans la réponse à la question : « voulez-vous éprouver de la joie ? » Cette joie même, c'est aussi ce qu'ils appellent bonheur. Ainsi ils poursuivent un même but mais par des voies différentes. Or, comme la joie est chose que tout homme, un jour, a ressentie, il faut que ce nom de bonheur en représente la connaissance en la mémoire.

Loin de moi, mon Dieu, loin du cœur de ton serviteur qui se confie à toi de trouver son bonheur dans n'importe quelles joies ! Car il en est une joie refusée aux impies mais connue de tes serviteurs, de ceux qui t'aiment. Cette joie, c'est toi. Voilà la vie heureuse : jouir de toi, pour toi ; se réjouir en toi ! Tel est le bonheur, il n'y en a pas d'autre. Le placer ailleurs, c'est poursuivre une autre joie que la véritable. Cependant, la volonté qui s'en éloigne s'attache tout de même à une certaine représentation de la joie.

Les hommes ne veulent donc pas tous être heureux, car il en est qui, refusant de trouver leur joie en toi, seule vie heureuse, refusent leur bonheur. Serait-ce plutôt que, malgré leur désir, les révoltes de la chair contre l'esprit et de l'esprit contre la chair paralysent leur volonté. Elles les précipitent dans la faiblesse contre qui ils sont sans force et ils s'en contentent ; faute de compter sur une volonté qui prête la force à leur faiblesse ?

Je leur demande à tous s'ils ne préfèrent pas la joie de la vérité à celle du mensonge et ils n'hésitent pas plus ici que pour la réponse à la question du bonheur. Car la vie heureuse c'est la joie de la vérité ; c'est la joie en toi, qui es la vérité, ô Dieu ! ma lumière, mon salut, mon Dieu. Nous aspirons tous à ce bonheur, nous voulons tous cette vie, seule vraiment heureuse ! Nous voulons tous la joie de la vérité.

J'en ai vu plusieurs qui voulaient tromper, mais jamais aucun qui aspirait l'être ! Où donc les hommes ont-ils pris cette connaissance du bonheur, si ce n'est où ils ont pris celle de la vérité ? Car ils aiment la vérité, puisqu'ils ne veulent pas être trompés. Et ils ne peuvent pas aimer la vie heureuse, qui n'est que la joie de la vérité, sans aimer la vérité. Et ils ne sauraient l'aimer, si la mémoire n'en avait aucune idée.

Pourquoi donc n'y cherchent-ils pas leur joie, pour y trouver leur bonheur ? C'est qu'ils sont fortement préoccupés de ces vanités qui leur créent plus de misères que ce faible souvenir ne leur laisse de bonheur. Il est encore une faible lumière dans l'âme de l'homme. Qu'il marche, qu'il marche, tant qu'elle luit, de peur d'être surpris par les ténèbres.

Mais d'où vient que la vérité engendre la haine ? D'où vient que l'on voit un ennemi dans l'homme qui annonce la vérité en ton nom ? Pourquoi ce mépris si on aime la vie heureuse qui n'est que la joie de la vérité ? C'est qu'elle est tant aimée, que ceux même qui ont un autre amour veulent que l'objet de cet amour soit la vérité et, refusant d'être détrompés, ils ne veulent pas être convaincus d'erreur. De l'amour de ce qu'ils prennent pour la vérité vient leur haine de la vérité même. Ils aiment sa lumière et haïssent son regard. Voulant tromper sans l'être, ils l'aiment quand elle brille et la haïssent quand elle les éclaire. Mais par une juste rétribution, elle les dévoile malgré eux, tout en restant voilée.

C'est ainsi, oui c'est ainsi, que l'esprit humain, dans cet état de cécité, de langueur, de honte et d'infirmité, prétend se cacher alors que tout est à découvert. De même, il arrive au contraire que l'esprit de l'homme n'échappe pas à la vérité qui lui échappe. Néanmoins, dans cet état de misère, il préfère toujours pour lui-même le vrai au faux. Il sera donc heureux lorsque, sans crainte d'aucun trouble, il jouira de la seule Vérité, mère de toutes les autres.

Voilà tous les espaces explorés en ma mémoire pour te chercher, mon Dieu ? Je ne t'ai pas trouvé hors d'elle ! Non, je n'ai rien trouvé de toi dont je ne me sois souvenu, depuis le jour où tu t'es fait connaître. Depuis ce jour, je ne t'ai pas oublié.

Là où j'ai trouvé la vérité, là je t'ai trouvé mon Dieu, toi qui est la vérité même. Dès que je t'ai connu, tu as été présent dans ma mémoire. Depuis que je t'ai connu, tu n'en es pas sorti et je t'y trouve toutes les fois que je te rappelle à mon souvenir pour jouir de tes délices. Voilà mes saints délices, don de ta miséricorde, qui a posé les yeux sur ma pauvreté.

Mais où demeures-tu dans ma mémoire, toi, Seigneur ? Où y loges-tu ? Quelle chambre paisible as-tu aménagée en moi ? Quel sanctuaire as-tu bâti ? Toi tu m'honores de ta présence, je le sais. Mais où est précisément ta demeure, c'est ce que je cherche. Lorsque mon cœur s'est souvenu de mon Dieu, j'ai traversé toutes ces régions du souvenir que je partage avec les bêtes, je ne t'ai pas trouvé parmi les images des objets sensibles. Je t'ai cherché où sont déposées les impressions de mon esprit, mais je ne t'y ai pas trouvé. J'ai pénétré au siège même de l'esprit, celui logé en ma mémoire, car l'esprit se souvient aussi de lui-même et tu n'y étais pas. Tu n'es ni une image corporelle, ni un sentiment d'être vivant, comme la joie, la tristesse, le désir, la crainte, le souvenir, l'oubli ; de plus, tu n'es pas l'esprit lui-même, mais le Seigneur, Dieu de tout esprit.

Alors que tout est instable, toi, tu es éternel et immuable, toi tu as daigné demeurer dans ma mémoire depuis que je t'ai connu. Pourquoi est-ce que je m'interroge sur la manière dont tu es en ma mémoire comme s'il s'agit d'un lieu ? Certes tu es en elle, puisque je me souviens de toi depuis l'heure où je t'ai connu et c'est en elle que je te retrouve lorsque ton souvenir se présente à mon cœur.

Où donc t'ai-je trouvé pour te connaître ? Tu n'étais pas dans ma mémoire avant que je ne t'ai connu. Où donc t'ai-je trouvé, sinon en toi, au-dessus de moi ? Entre toi et nous le lieu n'existe pas et nous nous approchons, nous nous éloignons de toi sans variation de distance. Vérité, oracle universel, tu sièges partout pour répondre à ceux qui te consultent ; tous reçoivent les réponses appropriées même s'ils ne consultent pas pour des choses semblables ! Tu parles clairement, mais tous n'entendent pas clairement. Tous te consultent conformément à leur volonté, mais tu ne t'y conformes pas toujours par tes réponses. Celui-là seul est ton véritable serviteur, qui a moins en vue d'entendre de toi ce qu'il veut, que de vouloir ce qu'il a entendu de toi.

Je t'ai aimée bien tard, beauté si ancienne, beauté si nouvelle, je t'ai aimée bien tard. Mais quoi ! Tu étais en moi alors que je te cherchais au-dehors ; et je me ruais en ma laideur sur la beauté de tes créatures. Tu étais avec moi, et je n'étais pas avec toi ; retenu loin de toi par tout ce qui, sans toi, ne serait rien. Tu m'as appelé, et voilà que ton cri a vaincu la surdité de mon oreille ; ta splendeur a rayonné, elle a chassé ma cécité ; ton parfum, je l'ai respiré, et voilà que j'aspire à toi désormais ; je t'ai goûté, et voilà que j'ai faim et soif de toi ; tu m'as touché, et je suis enflammé du désir de ta paix.

Quand je te serai uni de tout mon être, plus de douleur alors, plus de peine ; ma vie sera comblée, étant toute pleine de toi-même. L'âme que tu remplis devient légère ; comme tu n'es pas encore tout en moi, je suis un poids pour moi-même.

Mes joies déplorables combattent mes tristesses salutaires et de quel côté trouver la victoire ? Je l'ignore. Hélas ! Seigneur, aie pitié de moi. Mes tristesses mauvaises sont aux prises avec mes joies bonnes et de quel côté demeure la victoire ? Je l'ignore encore. Hélas ! Seigneur, aie pitié de moi ! Pitié, Seigneur ! Tu vois ; je ne t'empêche pas de voir mes plaies. Ô médecin, regarde comme je suis malade ! Ô miséricorde, ne vois-tu pas ma misère ! Ah ! n'est-ce pas une perpétuelle épreuve que l'existence des hommes sur cette terre ?

Qui veut souffrir et chercher les tracas ? Tu ordonnes de les supporter, et non de les aimer. On n'aime pas avoir à supporter, quoiqu'on admire le fait de supporter. Même si on se réjouit de ce type de courage, on préfère de loin ne pas avoir à endurer. Dans le malheur, je désire la prospérité et quand je suis heureux, je crains de perdre. Entre ces deux états, quel est le juste milieu où je puis être en repos ? Est-il pour la vie humaine un abri contre l'inquiétude ? Malheur, oui, malheur aux prospérités du siècle livrées à la crainte de l'adversité et aux séductions des joies éphémères ! Malheur, trois fois malheur aux difficultés du siècle, liées au désir de la prospérité ! Elles sont dures à souffrir et elles forment des écueils où la patience risque de se briser ! N'est-ce pas une épreuve continuelle que la vie de l'homme sur la terre ?

Toute mon espérance n'est que dans la grandeur de ta miséricorde. Donne-moi ce que tu commandes, et commandes ce qui te plaît. Tu me commandes la continence : « Et je sais, dit ton serviteur, que nul ne peut l'avoir, si Dieu ne la lui donne. » Même savoir d'où vient ce don est un don de la sagesse elle-même. La continence nous refait et nous ramène à l'unité de la dispersion où nous étions perdus dans le multiple. Car ce n'est pas assez t'aimer que d'aimer avec toi quelque chose que l'on n'aime pas pour toi. Ô amour toujours brûlant sans jamais s'éteindre ; amour, mon Dieu, embrase-moi ! Tu m'ordonnes la continence ; donne-moi ce que tu m'ordonnes et ordonne-moi ce qui te plaît.

Du temporel et de l'éternel

Les Confessions, XI, 14 (17) à 31 (41), XIII, 9 (10) et XIII, 33 (48) à 38 (53)

Augustin a trouvé l'objet de l'amour qu'il cherchait dès le début. Au départ, il aimait à aimer plutôt qu'il n'aimait vraiment. Plus tard, il a appris à aimer une sagesse, éminemment aimable, mais résolument insatisfaisante. Finalement, il a reçu et accueilli l'amour de Dieu, un amour dont la mesure, écrira-t-il, est d'aimer sans mesure, un amour identifié à la beauté, un amour personnel dont il regrette la rencontre tardive.

Une fois Augustin engagé de tout son être à la suite du maître intérieur, ses préoccupations toucheront aux problèmes du temps et de l'éternité. Le cœur humain, ballotté au gré des changements en cette vie, aspire à la stabilité de l'éternel. L'expérience vécue à Ostie a laissé des traces. Augustin voulait y goûter encore. C'est pourquoi, il s'est interrogé : «Qu'est-ce donc que le temps ? Si personne ne me pose la question, je sais ; si quelqu'un pose la question et que je veuille expliquer, je ne sais plus» (*Les Confessions*, XI, 14 (17)). Fidèle à sa passion de connaître et de comprendre, Augustin a entrepris une longue réflexion sur le temps, dont la profondeur et la pertinence ont inspiré plus d'un penseur, de son époque à la nôtre.

Les Confessions, XI, 14 (17) à 31 (41)

Il n'y a donc pas eu de temps où tu n'as rien fait, puisque tu avais déjà fait le temps. Et le temps ne peut pas être éternel comme toi, car toi, tu es permanent; si le temps était permanent, il cesserait d'être le temps[57]. Qu'est-ce donc que le temps? Qui pourra le dire clairement et en peu de mots? Qui pourra le saisir même par la pensée pour traduire cette conception en paroles? Quoi de plus connu, quoi de plus familier dans nos conversations de tous les jours, que le temps? Et quand nous en parlons, nous savons ce que nous disons et nous comprenons ce qu'on nous en dit quand d'autres en parlent.

Qu'est-ce donc que le temps? Si personne ne m'interroge, je le sais; si je veux répondre à cette question, je l'ignore. Et pourtant j'affirme avec assurance, que si rien ne passait, il n'y aurait pas de temps passé; que si rien n'advenait, il n'y aurait point de temps à venir et, que si rien n'était, il n'y aurait point de temps présent. Or, ces deux temps, le passé et l'avenir, comment sont-ils, puisque le passé n'est plus, et que l'avenir n'est pas encore? Pour le présent, s'il était toujours présent sans se dérober au passé, il ne serait plus du temps; il serait l'éternité. Si donc le présent, pour être temps, doit s'évanouir en passé, comment pouvons-nous dire qu'une chose est, qui ne peut être qu'à la condition de n'être plus? Et peut-on dire en vérité que le temps est, sinon parce qu'il tend à ne plus être?

Cependant nous affirmons du temps qu'il est long ou court et nous parlons ainsi du passé ou de l'avenir. Par exemple, cent ans passés, cent ans à venir, voilà ce que nous appelons un temps long; dix jours écoulés, dix jours à attendre, nous parlons alors de temps brefs. Mais comment peut être dit «long» ou «court» ce qui n'est pas? Car le passé n'est plus et l'avenir n'est pas encore. Cessons donc de dire : « Ce temps est long. » Disons plutôt du passé : « il a été long » et de l'avenir : « il sera long ».

Seigneur mon Dieu et ma lumière, ta vérité ne se moquera-t-elle pas de l'homme qui parle ainsi ? Car ce long temps passé, est-ce quand il était déjà passé qu'il a été long, ou quand il était encore présent ? En effet, il ne pouvait être long que tant qu'il était. Mais, une fois passé, il n'était plus ; comment pouvait-il être long, lui qui n'avait plus d'être ? En conséquence, ne disons plus : « Le passé a été long », nous ne retrouverons pas ce qui a été long car du moment où il passe, il n'est plus. Disons plutôt : « Ce temps présent a été long » car c'est dans son actualité qu'il était long. Il ne s'était pas encore évanoui dans le non-être, il était donc quelque chose qui pouvait être perçu long. Mais aussitôt passé, il a cessé d'être long, en cessant tout simplement d'être.

Envisageons donc, ô âme humaine, si le temps présent peut être long, car tu as reçu la faculté de l'appréhender et de le mesurer. Que vas-tu me répondre ? Est-ce un long temps qu'un présent de cent années ? Mais vois d'abord s'il est possible de parler de cent années comme de quelque chose de présent. Si tu considères la première année dans son actualité, n'est-ce pas la seule qui est présente alors que les quatre-vingt-dix-neuf autres sont à venir et, partant, elles n'existent pas encore ? Si tu considères la seconde année, il y en a déjà une dans le passé ; la seconde seule est présente ; le reste appartient au futur. Traitons de la même manière n'importe quelle autre année que nous fixerons comme présente dans la révolution d'un siècle ; tout ce qui la devance est passé ; tout ce qui la suit est à venir. Il s'avère donc impossible de prétendre que cent années puissent être présentes.

Mais vois si du moins l'année actuelle est elle-même présente. Est-ce son premier mois qui est actuellement présent? Si oui, alors les autres sont à venir. Est-ce le second? Alors le premier est déjà passé; le reste n'est pas encore. De même que pour le siècle, l'année actuelle n'est pas tout entière présente. De plus, l'année en cours est composée de douze mois, dont chacun à son tour est présent; alors que les autres appartiennent soit au passé soit au futur. Il en va de même pour le mois actuel, il n'est pas entièrement présent, mais un seul de ses jours à la fois. Est-il le premier? Le reste est dans l'avenir. Est-il le dernier? Le reste est dans le passé. Est-il intermédiaire? Il est entre ce qui n'est plus et ce qui n'est pas encore.

Voilà donc ce temps présent que nous avons trouvé, le seul qui puisse être dit long; le voilà réduit à l'espace d'une journée. Ce jour même, encore, parlons-en; car ce seul jour n'est pas tout entier présent. Il défile en vingt-quatre heures, douze de jour, douze de nuit. La première des heures précède toutes les autres tandis que la dernière suit toutes les précédentes, l'intermédiaire, selon son ordre, tantôt suit et tantôt précède.

Cette même heure se compose elle-même de parcelles fugitives. Tout ce qui s'en détache s'envole dans le passé; ce qui en reste est futur. Si on conçoit un point dans le temps sans division possible d'autres fragments d'instants, c'est ce point-là seul qu'on peut nommer présent. Ce point vole, rapide, de l'avenir au passé, durée sans étendue, car s'il était étendu, il se diviserait en passé et futur.

Ainsi, le présent est sans étendue. Mais où donc est le temps pour que nous puissions l'appeler long? Est-ce en tant que futur? Non, car il ne peut pas être long sans être. C'est pourquoi dans ce cas nous disons plutôt que le temps sera long. Mais, à bien y penser, quand le sera-t-il? Certainement pas tant qu'il appartient au futur, n'étant pas encore, il ne peut pas être long. Alors, s'il ne peut être long qu'au moment où, de futur, il commence à être, c'est donc qu'il n'est pas encore. C'est-à-dire, il n'est pas encore présent. Mais dès que le temps entre dans le présent et acquiert ainsi la possibilité d'être long, n'oublions pas ce que nous avons dit précédemment et que ce présent nous crie toujours à haute voix : « Non, je ne saurais être long ! »

Pourtant, Seigneur, nous percevons bien les intervalles du temps, nous les comparons entre eux et nous disons que les uns sont plus longs, les autres plus courts ; nous mesurons encore la différence ; nous constatons qu'elle est double, triple, ou nous en affirmons l'égalité. Mais notre perception des choses, lorsque nous disons mesurer le temps, nous oblige à constater qu'il s'agit de la mesure d'un passage. Car le passé, qui n'est plus, le futur, qui n'est pas encore, comment ou par qui peuvent-ils être mesurés ? Personne ne peut rien à moins de prétendre que le non-être soit mesurable ! Ce n'est donc qu'au moment où le temps passe qu'il est perceptible et mesurable. Est-il passé ? Il ne se mesure pas, car il n'est plus.

Je cherche, ô Père, je n'affirme rien : mon Dieu, sois mon soutien et le guide de mes efforts ! Qui donc me dira qu'il n'existe pas trois temps, comme nous l'avons appris dès le plus jeune âge : le passé, le présent et le futur ? Qui soutiendra que seul le présent existe, parce que les deux autres n'existent pas ? Ou bien faut-il dire qu'ils existent et que le temps présent sort d'une retraite inconnue, quand, de futur, il devient présent, et qu'il rentre dans une autre, également inconnue, quand, de présent, il devient passé ? Car si le futur n'est pas encore où donc l'ont vu ceux qui l'ont prédit ? Ce qui n'est pas peut-il se voir ? Et ceux qui font le récit du passé pourraient-ils aspirer à quelque vérité, si ce passé n'était pas visible à leur esprit ? Le passé et le futur, pourraient-ils se voir l'un et l'autre, s'ils n'étaient que pur néant ? Il faut donc être en mesure de concevoir des réalités passées et d'autres à venir.

Permets-moi, Seigneur, de chercher encore. Sois mon espérance et éloigne de mon esprit toute forme de trouble. S'il est vrai que l'avenir et le passé existent, où sont-ils ? Si je ne le sais pas encore, je sais pourtant que, où qu'ils soient, ils n'y sont pas ni en tant que passé ni en tant que futur, mais ils doivent y être de manière présente et actuelle. Le futur, comme tel, n'y est pas encore ; le passé, comme tel, n'y est déjà plus. Où donc qu'ils soient et quels qu'ils soient, ils ne sont qu'en tant que présent. Ainsi lorsqu'on raconte une histoire vraie, la mémoire ne reproduit pas les réalités elles-mêmes car elles ne sont plus, mais elle actualise les mots nés des images qu'elles ont laissées en passant par nos sens, comme les traces de leurs pas. Ainsi mon enfance est évanouie dans le passé, lequel est évanoui comme elle. Mais quand j'y pense, quand j'en parle, je revois son image dans le temps présent, parce qu'elle est encore dans ma mémoire.

En va-t-il ainsi, d'une quelconque manière, en ce qui concerne l'avenir ? Existerait-il certaines images messagères et annonciatrices de ce qui n'est pas encore ? Mon Dieu, je reconnais ici mon ignorance. Mais ce dont je suis certain, c'est que d'ordinaire nous préméditons nos actions à venir ; que cette préméditation est actuelle, tandis que l'acte prémédité, en tant que futur, n'existe pas encore. Lorsque ce que nous avons anticipé commence à se réaliser, la préméditation s'évanouit dans le non-être du passé au fur et à mesure que s'actualise l'événement qui se fait présent.

Quelle que soit donc la mystérieuse manière de pressentir l'avenir, on ne saurait prétendre voir la réalité comme telle. Or, ce qui est déjà n'est pas à venir mais toujours présent. Ainsi quand nous disons voir l'avenir, il ne s'agit pas de voir des réalités qui ne sont pas encore, mais peut-être voit-on des causes ou leurs signes qui existent déjà. Il s'agit des prémices d'un futur déjà présent au regard de la pensée. Celle-ci conçoit et cette conception est actuelle dans l'esprit de celui qui fait des prédictions.

Voici un exemple simple au regard de la grandeur de ces phénomènes : Je vois l'aurore et je suis en mesure de prédire le lever du soleil. Ce que je vois est présent, ce que je prédis est à venir ; non pas le soleil qui est déjà là, mais son lever qui n'est pas encore. Si mon esprit ne se l'imaginait pas, comme au moment où j'en parle, cette prédiction serait impossible. Or, cette aurore, que je vois dans le ciel, n'est pas le lever du soleil, elle le devance. Pourtant l'image bien présente à mon esprit du lever que j'anticipe au moment où j'en parle, me fait augurer le phénomène futur. Ainsi, l'avenir n'est pas encore et donc il n'est pas. Il ne peut se voir, mais il peut être prédit d'après des circonstances déjà présentes et visibles à mon esprit.

Mais dis-moi, toi, le souverain de ta création, quelle est la façon dont tu enseignes aux âmes l'anticipation des choses futures ? Ne les as-tu pas révélées à tes prophètes ? Dis, comment instruis-tu de l'avenir, toi pour qui rien n'est futur ou, plutôt, comment enseignes-tu à rendre présent un futur encore absent ? Car de rien, de ce qui n'est pas, peut-on tirer quelque chose à enseigner ? Voilà une science supérieure aux forces de mon intelligence. La faiblesse de mon regard par elle-même n'y saurait atteindre. Mais tu seras ma force, si tu veux, ô douce lumière de mes yeux voilés[58].

Or, ce qui devient évident et clair, c'est que le futur et le passé n'existent pas. Rigoureusement parlant, on ne saurait prétendre à trois temps : « passé, présent et futur ». Mais on dira peut-être avec plus d'à-propos et de vérité : « Il y a trois temps : le présent du passé, le présent du présent et le présent de l'avenir. » Car ce triple mode de présence existe dans l'esprit ; je ne le vois pas ailleurs. Le présent du passé, c'est la mémoire ; le présent du présent, c'est l'attention actuelle; le présent de l'avenir, c'est l'attente. Si l'on me concède cette manière de voir les choses, je concèderai qu'il y a trois temps et que l'on dise encore, par une sorte d'abus de l'usage: «Il y a trois temps, le passé, le présent et l'avenir.» Qu'on le dise, peu importe, je ne m'y oppose pas. J'y consens, pourvu qu'on comprenne bien ce qu'on dit et que l'on ne suggère pas que le futur existe déjà ou que le passé existe encore. Il est rare que nous utilisions des expressions justes, elles sont trop souvent déficientes, mais l'important est de saisir l'intention.

Nous mesurons le temps à son passage, ai-je dit plus haut, et nous pouvons affirmer qu'un temps est double d'un autre, ou égal à un autre, ou tel autre rapport que cette mesure exprime. Ainsi, c'est à son passage que nous mesurons le temps. Si on me demande: «D'où le sais-tu?» Je sais, répondrai-je, que nous le mesurons; que nous ne saurions mesurer ce qui n'est pas et que le passé ou l'avenir ne sont que néant. Or, comment mesurons-nous le temps présent, puisqu'il est sans étendue? Il ne se mesure qu'à son passage. En tant que passé, il ne se mesure plus, car alors il n'y a rien à mesurer.

Mais ce temps que l'on mesure: d'où vient-il, par où passe-t-il, où va-t-il? Où, sinon vers l'avenir? Par où, sinon par le présent? D'où, sinon du passé? Il surgit de ce qui n'est pas encore, il passe par ce qui est sans espace pour aboutir à ce qui n'est plus. Comment donc mesurer le temps, s'il ne se conçoit pas en référence à aucun espace? Quand nous évaluons des temps simples, doubles, triples ou égaux, qu'en est-il? Nous ne parlons de cela qu'en termes d'espaces et d'intervalles. Or, où se trouve l'espace pour assurer la mesure du temps qui passe? Est-il dans le futur, d'où il provient? Certes non, nous ne pouvons pas mesurer ce qui n'est pas encore. Est-il dans le présent par où il passe? Pas d'avantage, qui oserait affirmer que l'on peut mesurer ce qui n'occupe aucun espace? Est-ce alors dans le passé par où il entre? Mais comment mesurer ce qui n'est plus?

Mon esprit brûle de percer à jour cette énigme si embrouillée à ses yeux. Je t'implore, Seigneur mon Dieu, père de toute bonté, je t'implore par ton Christ, ne ferme pas à mon désir l'accès à ces questions à la fois si communes et si complexes. Laisse-moi pénétrer dans leurs replis; que la lumière de ta miséricorde les illumine, Seigneur! Qui vais-je interroger? À qui confesser plus utilement mon ignorance qu'à toi, ô Dieu, qui ne désapprouve pas le zèle ardent où m'emporte l'étude de tes Écritures? Donne-moi ce que j'aime! Oui, j'aime, et c'est toi qui m'a donné d'aimer. Donne-moi, ô Père, toi qui sais donner que de vrais biens à ses fils. Donne-moi de connaître cette vérité que je poursuis, car tous mes labeurs sont inutiles si tu n'ouvres pas toi-même la porte à ma compréhension.

C'est par ton Christ, au nom du Saint des saints, que je te conjure d'écarter toute forme d'obstruction. Mais aussi, je crois et ma foi guide ma parole. Mon espérance et ce qui donne sens à mon existence, c'est de contempler les délices du Seigneur. Tu as fait que mes jours me conduisent inexorablement au déclin et je suis comme une ombre qui passe. Comment? Je l'ignore. Nous avons sans cesse à la bouche ces mots: époque et temps. Nous disons: «À quelle époque a-t-il dit cela?», «il y a longtemps que je n'ai pas vu cela!», «cette syllabe longue a le double du temps de cette autre qui est brève.» Nous parlons et on nous parle ainsi, tous les jours. Nous sommes entendus et nous sommes compris. Rien de plus évident et rien de plus commun; en même temps, rien de plus caché et rien, jusqu'ici, de plus impénétrable.

J'ai entendu dire d'un homme savant[59] que le temps est une réalité qui se confond avec le mouvement du soleil, de la lune et des astres[60]. Je ne suis pas de cet avis. Car pourquoi le mouvement de tout autre corps ne serait-il pas le temps ? Mais quoi ! Si le cours des astres était suspendu et si la roue d'un potier continuait à tourner, n'y aurait-il plus de temps pour mesurer ses tours ? Ne nous serait-il plus possible d'exprimer l'égalité de leurs intervalles ou la différence de leurs mouvements, si les vitesses sont différentes ? En énonçant ces rapports, ne serait-ce pas dans le temps que nous parlerions ? N'y aurait-il pas dans nos paroles ni longueurs, ni brièvetés ? Comment les reconnaître, sinon à l'inégale durée de leur son ? Ô Dieu ! Accorde à l'homme de percevoir dans ta lumière le dévoilement de toute splendeur dans les petites choses comme dans les grandes. Il y a, je le sais, des astres brillants dans le ciel. Ils nous servent de signes pour mesurer les saisons, les époques, les années et les jours. C'est là une vérité que je ne prétendrais jamais nier. Or s'il n'est pas raisonnable pour moi d'affirmer que le mouvement de la roue du potier détermine la durée d'un jour, il n'est pas moins farfelu pour cet homme instruit de soutenir que la révolution de cette roue ne puisse être considérée comme du temps, n'en déplaise à ce savant.

Ce que je désire connaître, moi, c'est la puissance et la nature du temps, qui nous permet de mesurer les mouvements des corps et nous permet de dire, par exemple : «Tel mouvement dure deux fois plus longtemps que tel autre. » Car je veux savoir : comme nous nommons jour, non seulement le temps où le soleil brille sur la terre en marquant la séparation du diurne et du nocturne, mais encore la course réalisant le cercle qu'il décrit de l'Orient à l'Orient et qui règle le nombre des jours écoulés ; c'est ainsi qu'un jour n'est complété que par le mouvement du soleil dans sa révolution d'Orient en Orient […] Je veux savoir dis-je : est-ce le mouvement, est-ce la durée du mouvement, est-ce l'un et l'autre ensemble qui forment le jour ?

Si c'est le mouvement, alors, une heure ne pourrait-elle pas suffire à établir une journée, bien entendu à la condition que cet intervalle de temps permette au soleil d'achever sa course dans le ciel ? Si c'est la durée du mouvement que l'on considère, alors il n'y aurait pas de jour si, d'un lever à l'autre, il ne s'écoulait pas plus d'une heure et s'il fallait vingt-quatre révolutions solaires pour former un seul jour. Faut-il examiner la combinaison du mouvement et de la durée ? Si tel était le cas, alors le soleil accomplirait sa course en une heure et, à supposer qu'il s'arrêtât, le même intervalle de sa course mesurant un matin à l'autre s'étant écoulé, on ne pourrait pas affirmer qu'il y aurait eu alors véritablement une journée puisque qu'il y aurait eu durée, sans mouvement.

Finalement, je ne m'interroge pas vraiment sur la notion de jour, mais plutôt sur celle du temps lui-même ? Ce temps, assimilé à la durée d'un jour, serait moindre de moitié, si douze heures suffisaient à assurer la durée habituelle d'une journée. En comparant ces différences de temps, ne dirions-nous pas que l'un est double de l'autre, lors même que la course du soleil de l'Orient à l'Orient serait tantôt plus longue, tantôt plus courte de moitié ? Qu'on ne vienne donc plus me dire : Le temps, c'est le mouvement des corps célestes, alors que le soleil s'arrêta à la prière d'un homme, celle de Josué pour qu'il ait le loisir d'achever un combat victorieux[61]. Le soleil s'est arrêté, mais le temps a continué de courir. N'est-ce pas dans l'espace de temps nécessaire que le combat continua et atteignit son terme ? Mais que vois-je ? Le temps n'est-il qu'une sorte d'étendue. Cette conception des choses n'est-elle qu'une illusion ? Suis-je certain de bien voir ? Ô vérité, ô lumière ! éclaire-moi.

Si l'on dit : Le temps, c'est le mouvement des corps, m'ordonnes-tu d'y souscrire ? Non, tu ne me l'ordonnes pas. Qu'aucun corps ne puisse se mouvoir sans être dans le temps, tu le dis, et je l'entends. Mais que ce mouvement soit le temps en lui-même, je ne l'entends pas ; ce n'est pas toi qui le dis. Lorsqu'en effet un corps se meut, c'est par le temps que je mesure la durée de ce mouvement, depuis son origine jusqu'à son terme. Si je ne l'ai pas vu dès le début et si sa durée ne me permet pas de le suivre jusqu'à la fin, il n'est pas possible pour moi de le mesurer, à moins que je considère le moment où j'ai commencé à l'observer avec celui où j'ai cessé de le voir. Si je l'ai vu longtemps, j'estime la longueur du temps sans la déterminer, car pour préciser l'estimation, il faut comparer et établir un rapport de différence ou d'égalité. Nous disons tantôt : « ce temps est aussi long que celui-ci », ou bien : « celui-là est le double de cet autre ».

Supposons un mouvement circulaire, si nous pouvons marquer le point précis où le mobile prend sa course et où il l'achève, pour ce corps mobile ou l'une de ses parties, nous pourrons estimer en combien de temps s'est accompli le déplacement d'un point à un autre. Ainsi le mouvement d'un corps est distinct de la mesure de sa durée. Peut-on chercher encore à qui, du mouvement ou de la durée, appartient le nom de temps ? Il arrive souvent qu'un corps se meut d'un mouvement inégal, souvent il stagne en repos. Dans semblable situation, le temps n'est pas moins la mesure du repos que celle du mouvement. Nous disons alors : « son repos a duré autant, deux ou trois fois plus, deux ou trois fois moins que son mouvement » et nous l'affirmons avec exactitude ou approximation. Donc, il ne semble pas convenir de poser que le mouvement des corps soit le temps.

Je le confesse, Seigneur, j'ignore encore ce qu'est le temps. Pourtant, Seigneur, je confesse que c'est dans le temps que je discute ; cela, je l'ignore pas. Il y a déjà longtemps que je parle du temps et ce temps estimé «long», est dit tel, en fonction d'une durée. Eh! Comment donc puis-je parler ainsi, moi, ignorant de ce qu'est le temps? Peut-être que je ne sais tout simplement pas comment exprimer ce que je sais? Malheureux homme que je suis, j'ignore même ce que j'ignore[62]! Mais tu es témoin, Seigneur, que le mensonge est loin de moi; tel est mon cœur, telle est ma parole: «Allume ma lampe, Seigneur mon Dieu, et éclaire mes ténèbres.»

Mon âme ne te fait-elle pas un aveu sincère quand elle déclare en ta présence qu'elle mesure le temps? Est-il donc vrai, mon Dieu, que je le mesure, sans connaître ce que je mesure? Je mesure le mouvement des corps par le temps, et le temps lui-même, ne saurais-je le mesurer? Et me serait-il possible de mesurer la durée et l'étendue d'un mouvement, sans mesurer le temps où il s'accomplit?

Mais sur quelle base puis-je apprécier la mesure du temps lui-même? Un temps plus long est-il l'étalon d'un plus court, comme la coudée est la mesure de la traverse? De même, une syllabe longue nous paraît être la mesure d'une brève, quand nous disons que l'une est le double de l'autre. De même encore, la longueur d'un poème s'évalue sur la longueur des vers, la longueur des vers sur celle des pieds, la longueur des pieds sur celle des syllabes et les syllabes longues en fonction des brèves. Je remarque que cette évaluation ne repose pas sur l'étendue des pages car alors, elle serait la mesure d'un espace et non pas celle du temps. Mais lorsque les paroles défilent en les prononçant, nous disons: «Ce poème est long, il se compose de tant de vers; ces vers sont longs, ils se tiennent sur tant de pieds; ces pieds sont longs, ils renferment tant de syllabes; cette syllabe est longue car elle est le double d'une brève.»

Toutefois, ce n'est pas encore là une mesure objective du temps, car un vers plus court prononcé lentement peut avoir plus de durée qu'un long débité plus vite. Ainsi en est-il du poème dans son entier, d'un seul de ses pieds ou d'une syllabe unique. De là j'incline à concevoir le temps comme une sorte de distension[63], mais de quoi précisément? Cela, je l'ignore. Peut-être est-ce de mon esprit lui-même? Car, ô mon Dieu! Qu'est-ce que je signifie, quand je dis de manière imprécise : « tel temps est plus long que tel autre », ou de façon très exacte : « ce temps est le double de celui-ci »? C'est bien le temps que je mesure, j'en suis certain, mais ce n'est pas l'avenir, qui n'est pas encore ; ce n'est pas le présent, qui est sans étendue ; ce n'est pas le passé, qui n'est plus. Qu'est-ce donc que je mesure? Je l'ai déjà dit, ce n'est pas le temps passé, mais bien le temps dans son passage.

Courage, mon esprit ; redouble d'attention et d'efforts! Fixe ton attention du côté où commence à briller les premières lueurs de la vérité. Dieu est notre force : « C'est lui qui nous a fait et non pas nous. »

Prenons un exemple, la voix d'un homme se fait entendre : le son commence à résonner, il résonne, il résonne encore et puis il cesse. C'est le silence, le son de la voix est passé et il n'y a plus rien. Juste avant, ce son était à venir et il ne pouvait pas être mesuré, puisqu'il n'existait pas encore. Maintenant que j'en parle, il n'est déjà plus et n'étant plus, il échappe encore à la mesure. Ce n'était qu'au moment précis où le son vibrait, qu'on pouvait prétendre le mesurer car, là seulement, on pouvait dire que ce son existait ; encore qu'il s'écoulait dans un va-et-vient incessant. Est-ce que cette condition instable ne le rendait pas plus mesurable? Son passage ne lui conférait-il pas une sorte d'étendue? Quelque chose qui serait un certain espace de temps, qui assurait une possibilité de mesure, alors que le présent lui-même est sans espace?

S'il en est ainsi, écoute. Voici un nouveau son : il commence, il persiste et il résonne sans s'interrompre : mesurons-le, pendant qu'il se fait entendre. Le son achevé, il sera passé, il ne sera plus. Mesurons-le donc et évaluons son étendue. Mais au moment de le faire, il dure encore et sa mesure exacte ne peut pas être prise sinon que du commencement à la fin, car c'est dans l'intervalle entre ces deux termes, quels qu'ils soient, que nous devons prendre la mesure. Ainsi, le son qui dure encore n'est pas mesurable. Peut-on apprécier son étendue, sa différence ou son égalité avec un autre ? Quand il aura cessé de résonner, il aura cessé d'être, comment donc le mesurer ? Toutefois le temps se mesure mais ce n'est ni celui qui doit être, ni celui qui n'est déjà plus, ni celui qui est sans étendue, ni celui qui n'a pas encore achevé sa course. Ce n'est donc ni le temps à venir, ni le passé, ni le temps présent, ni celui qui passe que nous mesurons et toutefois nous mesurons le temps.

Ce vers : « Deus creator omnium » [Dieu créateur de toutes choses] est de huit syllabes, alternativement brèves et longues. La première, la troisième, la cinquième et la septième sont des syllabes simples par rapport à la seconde, la quatrième, la sixième et la huitième, qui durent le double de temps. Je sens bien en les prononçant qu'il en est ainsi. C'est un rapport s'imposant comme une évidence sensible. Pour autant que j'en puis référer à ce témoignage, je mesure une longue par une brève et je la sens double de celle-ci. Mais elles ne résonnent que l'une après l'autre et, si la brève précède la longue, comment retenir la brève pour l'appliquer comme mesure à la longue ? Car enfin, la longue ne commence-t-elle pas que lorsque la brève a fini ? Et cette longue même, je ne la mesure pas tant qu'elle est présente, puisque je ne saurais pas la mesurer avant sa fin. Mais une fois terminée, elle est passée. Qu'est-ce donc que je mesure ? Où est la brève, mon étalon de mesure ? Où est la longue, qui doit être mesurée ? Leur son rendu, elles se sont envolées, elles sont disparues dans le passé toutes les deux et elles ne sont plus! Pourtant, je les mesure et je réponds sans hésiter, sur la foi de mes sens, que l'une est simple alors que l'autre est double en durée. Ce jugement, je ne peux pas le confirmer tant que les syllabes ne sont pas passées et terminées. À bien y penser, ce n'est donc pas elles que je mesure, puisqu'elles ne sont plus, mais c'est quelque chose qui demeure dans ma mémoire, profondément ancré.

C'est en toi, mon esprit, que je mesure le temps. Ne me distrais pas par le foisonnement des impressions qui se bousculent ou plutôt, devrais-je dire, ne te laisse pas distraire par le tumulte bruyant de ces impressions. Oui, c'est en toi que je mesure les marques laissées par les réalités qui passent. Elles seules demeurent présentes. Je les mesure elles et non les objets qui les ont fait naître par leur passage. Ce sont elles que je mesure quand je mesure le temps. Conséquemment soit le temps est tel, soit il échappe à toute mesure.

Mais quoi! Ne mesurons-nous pas le silence? Ne disons-nous pas: «Ce silence a été aussi long que cette parole»? Notre pensée ne se représente-t-elle pas alors la durée du son, comme s'il était encore présent? L'espace entre les intervalles silencieux et sonores ne sert-il pas à mesurer quantitativement l'étendue du silence lui-même? De plus, la voix et les lèvres muettes, il nous arrive de réciter intérieurement des poèmes, des vers, des discours, quels qu'en soient le mouvement et les proportions et nous en apprécions intérieurement la durée. Nous estimons alors, comme si notre bouche en articulait les sons, le rapport entre les mots et les syllabes qui se succèdent. Si je le veux, je peux anticiper le ton de ma voix et la durée de mes paroles; je me représente cela mentalement et j'emmagasine le tout dans ma mémoire. Alors, je commence à parler et ma voix résonne jusqu'à ce qu'elle arrive au but prédéterminé. Que dis-je, elle résonne ? Non, elle a résonné et elle résonnera. La parole dite s'est écoulée ; celle restante est à venir, elle s'écoulera jusqu'au bout. Dans la tension du présent, mon esprit pousse le futur dans le passé. Il enrichit ce dernier en dépouillant le premier. Il augmente le passé jusqu'à ce que le futur soit complètement épuisé.

Mais qu'est-ce donc que la diminution ou l'épuisement d'un avenir qui n'existe pas encore ? Qu'est-ce que l'accroissement du passé qui n'existe plus ? Ne faut-il pas poser que dans l'esprit, où tout cela se joue, se déploient trois modalités : l'attente, l'attention et le souvenir ? L'objet de l'attente devient celui de notre attention, pour être celui du souvenir. L'avenir n'est pas encore ; qui le nie ? Pourtant son attente est déjà dans notre esprit. Le passé n'est plus ; qui en doute ? Pourtant son souvenir est encore dans notre esprit. Le présent est sans étendue, il n'est qu'un point en fuite perpétuelle ; qui l'ignore ? Pourtant c'est l'attention de l'esprit qui est actuel. Dans cette actualité, par qui doit passer ce qui court au néant, ce n'est pas le temps à venir qui est long car il n'existe pas, mais c'est son attente que l'on trouve longue. De même pour le passé, il ne peut pas être dit long, puisqu'il n'existe plus. Ce qui est long dans ce cas, c'est la trace de ce passé qui reste gravée dans ma mémoire.

Je veux chanter une chanson dont j'ai le souvenir. Avant de commencer, je suis sous le mode de l'attente qui se caractérise par une vue intérieure de l'ensemble de la prestation. Ai-je commencé ? Au fur et à mesure que je chante, je prélève au cœur de l'attente les éléments qui deviennent aussitôt du passé et qui sollicitent déjà ma mémoire. Ainsi, la vitalité de mon activité dépend d'une sorte de distension de la mémoire en fonction de ce que j'ai déjà chanté et en attente de ce qui me reste à chanter. Dans tout cela néanmoins, mon attention est toujours présente, c'est par elle que transite ce qui n'est pas encore vers ce qui n'est déjà plus. À mesure que je continue de chanter, l'attente s'abrège et le souvenir augmente jusqu'au moment où l'attente étant toute consommée, mon attention sera tout entière passée dans ma mémoire. Il en est ainsi, non seulement de la chanson elle-même, mais de chacune de ses parties, de chacune de ses syllabes.

D'un autre point de vue et suivant la même logique, cette chanson sera envisagée dans un ensemble plus vaste, dont elle n'est qu'une petite partie. De la même manière peut-on voir l'existence d'un homme, dont chacune des actions constitue autant de parties ; de même encore en est-il pour l'ensemble des générations humaines, dont chaque vie individuelle est elle-même une partie de ce tout.

«Ta miséricorde Seigneur vaut mieux que nos vies!» Alors que ma vie n'est que dispersion, voici que ta droite m'a recueilli. Je chemine vers toi mon Dieu, Fils de l'Homme et médiateur entre toi : l'Un et la source de toute unité et nous : la multitude écartelée dans le multiple. Je chemine «afin qu'en lui je saisisse celui qui m'a saisi» et, abandonnant le vieil homme, je rassemble mon être dispersé en oubliant les jours passés. Me voilà tourné, non pas vers un futur fuyant mais vers ton avènement «dans l'éternel toujours présent». Je suis en tension par une attraction repoussant toute distension à la poursuite de cette «palme que ta parole me promet dans la gloire» où j'entendrai l'hymne de tes louanges, où je contemplerai ta joie sans avenir et sans passé.

Maintenant «mes années s'écoulent dans les gémissements» et toi tu es ma consolation, Seigneur, mon Père éternel! Moi je suis distendu dans les temps, dont l'ordre m'est inconnu, où mon esprit est affecté par la tourmente de troubles qui déchirent mes pensées, secrètes entrailles de mon âme ; je gémis tant que le jour n'est pas venu où, purifié de mes souillures et liquéfié par le feu de ton amour, je m'écoulerai tout en toi[64].

Alors en toi, renouvelé par ta vérité, je serai ferme et stable. Je n'aurai plus à subir les questions de ces gens, affectés par une maladie qui condamne à une soif si grande qu'ils en perdent la capacité de boire et ils disent : « Que faisait Dieu avant de créer le ciel et la terre ? » ou « Comment lui est venu la pensée de faire quelque chose, puisqu'il n'avait jamais rien fait jusque-là ? »

Donne-leur, ô mon Dieu, des pensées meilleures que leurs paroles ! Donne-leur de découvrir que le mot « jamais » n'a aucun sens, là où le temps n'existe pas ! Ainsi, dire qu'on n'a jamais rien fait, n'est-ce pas dire que rien ne se fait que dans le temps ? Que ces assoiffés conçoivent donc qu'il ne peut y avoir de temps sans création, et qu'ils cessent de tenir des propos futiles ! Qu'ils fixent leur attention, Seigneur, « sur ce qui demeure présent devant eux, » qu'ils comprennent que tu es avant tous les temps, Créateur éternel de tous les temps ; que tu ne partages l'éternité avec aucune créature même si d'aucune était au-dessus des temps !

Ô Seigneur mon Dieu, combien profonds sont les replis secrets de tes voies ! Combien les tristes conséquences de mes injustices m'ont éloigné d'elles ! Guéris mes yeux ; qu'ils s'ouvrent à la joie de ta lumière. Certes, s'il existait un esprit assez profond, assez pénétrant en science et en prescience, pour avoir du passé et de l'avenir une connaissance aussi juste que l'est à ma pensée celle d'un air connu et populaire, l'admiration pour un tel homme ne serait-elle pas stupéfiante au point d'en provoquer l'effroi ? Rien, en effet, rien n'échapperait à l'attention de cet homme : la vicissitude des siècles passés ou à venir, tout serait sous son regard, comme ce cantique, que je chante, est tout entier devant moi, car je sais ce qu'il s'en est écoulé de versets depuis le commencement, et ce qu'il en reste à courir jusqu'à la fin. Mais loin de moi la pensée d'assimiler une telle connaissance à la tienne, ô Créateur du monde, Créateur des âmes et des corps! Loin de moi cette pensée! Ta science du passé et de l'avenir est bien autrement admirable et cachée. Le cantique que je chante ou que j'entends chanter m'affecte de sentiments divers; ma pensée se partage entre l'attente des paroles à venir et le souvenir des paroles disparues; mais rien de tel ne survient dans ton immuable éternité; c'est que tu es vraiment éternel, ô Créateur des esprits!

Tu as connu dès le principe, le ciel et la terre, sans succession de connaissance. Tu as créé dès le principe le ciel et la terre sans division d'action. Que les hommes à l'esprit ouvert, que ceux à l'esprit fermé à l'intelligence de ces pensées confessent ton nom, toi qui es grand! Pourtant dans ta grandeur, tu établis ton logis chez les humbles de cœur. Tu relèves ceux qui sont abattus et ils ne tombent pas, car tu es le principe de leur élévation.

Les Confessions, XIII, 9 (10)

L'amour de Dieu nous emporte où il nous emporte […] Le don de Dieu nous enflamme et nous emporte en haut; Il nous embrase et nous partons. Nous montons les montées qui sont dans notre cœur et nous chantons les cantiques des degrés. Ton feu, ton bon feu nous embrase et nous partons, puisque nous partons en haut vers la paix de Jérusalem, puisque j'ai trouvé ma joie dans ceux qui m'ont dit: «Nous partirons pour la maison du Seigneur.» Là nous placera la bonne volonté de sorte que nous ne voulions plus autre chose qu'y demeurer éternellement […].

Les Confessions, XIII, 33 (48) à 38 (53)

Que tes œuvres te louent, afin que nous t'aimions et que nous t'aimions, afin que tes œuvres te louent. Ces œuvres sont dans le temps, en lui, elles ont leur commencement et leur fin, leur lever et leur coucher, leur progrès et leur déclin, leur beauté et leur flétrissement! Elles sont donc soumises au rythme régulier des matins et des soirs, d'une façon plus ou moins manifeste. Car elles sont ta création, tirées du néant par toi et non de toi; non pas d'une autre substance, étrangère, antérieure à toi, mais d'une manière créée par toi, dans le même temps et que tu as fait passer, sans succession d'intervalles de temps, de l'informe à la forme.

Ainsi, quelle que soit la différence entre la matière du ciel et de la terre, entre la beauté du ciel et de la terre, c'est du néant que tu as créé la matière, c'est de cette matière informe que tu as formé la beauté du monde et, néanmoins, bien que la création de la forme ait suivi celle de la matière, cette succession a été immédiate et sans délai.

J'ai médité sur le sens que tu as voulu signifier en figure par l'ordre de tes œuvres et par l'ordre du récit inspiré de leur création. Alors, j'ai vu qu'elles sont toutes bonnes, chacune en particulier et très bonnes dans leur ensemble. Dans ton Verbe, ton Fils unique, je vois le ciel et la terre, le chef et le corps de l'Église, prédestinés avant le temps, avant la naissance du matin et du soir. Tu as commencé à réaliser dans le temps ce que tu as conçu dans l'éternité, afin de révéler ce qui était voilé, de rendre l'ordre à notre désordre qui nous entraînait loin de toi dans l'abîme des ténèbres, où ton Esprit plein de sollicitude planait, pour nous secourir au temps prescrit. Tu as fait des justes d'hommes sans piété, tu les as séparés des méchants; tu as établi l'autorité de ton Livre, discernant entre les esprits d'en haut, dociles à cette autorité et les esprits d'en bas, soumis aux précédents. Tu as réuni en société les volontés indociles dans leur aspiration commune aux biens terrestres, pour faire briller, à travers eux, les œuvres des saints qui devaient produire en ton nom les fruits de ta miséricorde. Emportés par l'attrait des biens les meilleurs, ils distribuent aux pauvres les biens de la terre, manifestant ainsi à tous les beautés célestes.

Tu as allumé dans ce ciel étoilé des astres dépositaires de ton Verbe, rayonnant de la vie éternelle, tes saints serviteurs comblés des dons spirituels et investis d'une autorité sublime. Dans le but de séduire les nations infidèles, tu t'es manifesté de manière perceptible par les sens : grâce à tes sacrements, tes miracles, tes paroles, signes célestes au firmament de ton Livre. Tu as formé l'âme vivante de tes fidèles, par la vertu de ton amour et par celle de la continence, qui permet d'établir l'ordre intérieur et tirer le meilleur parti des passions.

Que dire encore de l'esprit de l'homme, désormais soumis à toi seul, assez libre pour se passer du secours et de l'autorité de tout exemple humain ; tu l'as renouvelée à ton image et à ta ressemblance et tu as soumis, comme la femme à l'homme, l'activité de la raison à celle de l'intelligence. Et comme tes ministres sont toujours nécessaires aux fidèles en cette vie pour les amener à la perfection, tu as voulu que les fidèles ne soient pas en reste envers eux. En effet, tu souhaites que ces derniers soient soutenus par les œuvres charitables des premiers, qui préparent ainsi dans le temps des bienfaits éternels.

Nous voyons toutes ces œuvres et nous les voyons très bonnes, ou plutôt, tu les vois en nous, puisque ta grâce a répandu sur nous l'Esprit qui nous donne la force de les voir et de t'aimer en elles. Source de tous nos biens, Seigneur mon Dieu, donne-nous ta paix, la paix de ton repos, la paix du sabbat, une paix sans déclin ! Car cet ordre admirable dont tu es l'auteur et cette belle harmonie de tant de créatures excellentes, tout cela passera, le jour où leur fin sera pleinement réalisée. Ils auront leur soir, comme ils ont eu leur matin.

Mais dans ta volonté, tu as voulu sanctifier le septième jour afin qu'il soit sans soir ni coucher. Ainsi, il demeure éternellement. Au terme de la réalisation de tes œuvres admirables, que tu as pourtant faites dans le repos, tu t'es reposé au septième jour. Tu nous fait entendre, par la voix de ton saint Livre, que, nous aussi, après l'accomplissement de notre œuvre, admirable par le fait de ta bonté et du don gratuit, nous nous reposerons en toi au sabbat de la vie éternelle!

Alors tu te reposeras en nous, de la même manière que tu agis en nous aujourd'hui. Alors notre repos sera tien à travers nous, comme aujourd'hui nos œuvres sont tiennes par ton action à travers nous; car toi, Seigneur, tu es à la fois le mouvement et le repos éternel. Ta vue, tes actes, ton repos ne connaissent pas le temps et cependant tu as fait que nous puissions voir dans le temps, tu as fait le temps lui-même et le repos qui nous sort du temps.

Nous voyons donc toutes tes créatures parce qu'elles sont, alors que, pour toi, c'est parce que tu les vois qu'elles sont. Ces créatures, la vision extérieure nous montre qu'elles existent et de l'intérieur nous voyons qu'elles sont bonnes. Mais toi, tu les vois faites, où tu les as vues à faire. Aujourd'hui, nous sommes portés à faire le bien que notre cœur a conçu par ton Esprit. Hier, loin de toi, le mal nous entraînait. Mais toi, ô Dieu, l'unique et souveraine bonté, jamais tu n'as cessé de faire le bien. Il est quelques bonnes œuvres que nous faisons, grâce à toi, mais elles ne sont pas éternelles. C'est après ces œuvres que nous espérons l'éternel repos dans ta sainteté glorieuse. Mais toi, le seul bien qui n'a besoin de nul autre, tu ne sors jamais de ton repos; ton repos, c'est toi-même.

L'homme peut-il donner à l'homme l'intelligence de ces mystères de gloire ? L'ange à l'ange, ou l'ange à l'homme ? Non, c'est à toi qu'il faut demander, c'est en toi qu'il faut chercher, c'est chez toi qu'il faut frapper ; ainsi l'on reçoit, ainsi l'on trouve, ainsi l'on entre.

Partager *Les Confessions*

Rétractations, VI, 1 ; Lettre CCXXXI ; Lettre de Pétrarque à Denis Robert.

Augustin est devenu citoyen de la cité de Dieu, en transit encore pour un temps dans la cité des hommes. Ce temps, il l'a consacré au service pastoral avec tout ce que cela peut impliquer de renoncements, de soucis et d'engagement auprès des fidèles de son diocèse d'Hippone. Malgré toute cette activité, c'est à partir de la mi-quarantaine qu'Augustin a écrit la plus grande partie de son œuvre colossale. À quarante-trois ans il rédigea *Les Confessions*, au moment où il prenait conscience que la vie parfaite, celle selon la vertu, n'était pas tant le fait des efforts de l'homme, mais bien plutôt celui de la grâce accueillie, où le chrétien est reconnu à sa manière de pratiquer la vertu sans effort, selon le mot de son contemporain, Jean Chrysostome. C'est sans doute ce qui explique en partie la dialectique amoureuse constante dans le texte où l'homme s'accuse (*confessio vitæ*), mais pour mieux reconnaître que Dieu l'excuse en le pardonnant (*confessio laudis*). Il y a là un message qui rejoint le cœur de tous et chacun dans son désir d'être aimé pour lui-même et sans condition.

Les textes qui suivent témoignent de l'effet que *Les Confessions* ont produit sur leur auteur ; de ce qu'elles engendrent chez les autres. À l'opinion d'Augustin lui-même, nous ajoutons celle de Pétrarque, un grand augustinien de la Renaissance.

Rétractations, VI, 1

Les treize livres de mes Confessions célèbrent dans mes bonnes et dans mes mauvaises actions la justice et la bonté de Dieu, et excitent l'âme humaine à le connaître et à l'aimer. C'est du moins l'effet qu'elles ont produit sur moi quand je les ai écrites et qu'elles produisent encore quand je les lis.

Ce que les autres en pensent, c'est leur affaire ; je sais toutefois que cet ouvrage a beaucoup plu et plaît encore à beaucoup. Du premier au dixième livre, il traite de moi ; dans les trois autres, des saintes Écritures, depuis la parole : « Dans le principe, Dieu fit le ciel et la terre », jusqu'au repos du sabbat.

Lettre CCXXXI[65]

Reçois les livres que tu as désirés, les livres de mes Confessions. Regarde-moi à travers eux, de peur que tu ne me juges meilleur que je ne suis ; là c'est moi et non pas d'autres que tu écouteras sur mon compte ; considère-moi dans la vérité de ces récits, et vois ce que j'ai été lorsque j'ai marché avec mes seules forces ; si tu y trouves quelque chose qui te plaise en moi, fais-en remonter la gloire à celui que je veux qu'on loue et non pas à moi-même. Car c'est lui qui nous a faits et nous ne nous sommes pas faits nous-mêmes ; nous n'étions parvenus qu'à nous perdre, mais celui qui nous a faits nous a refaits. Quand tu m'auras connu par cet ouvrage, prie pour moi afin que je ne tombe pas, mais afin que j'avance ; prie, mon fils, prie. Je sens ce que je dis, je sens ce que je demande ; ne va pas croire que tu en sois indigne et que ce soit comme au-dessus de tes mérites ; si tu ne le faisais pas, tu me priverais d'un grand secours. Prie pour moi ; je le demande aussi à tous ceux qui m'aimeront grâce à toi ; dis-le leur et si l'idée que tu te fais de mes mérites te retient, prends ceci comme un ordre de ma part : donne à ceux qui demandent ou obéis à ceux qui ordonnent. Prie pour nous. Lis les divines Écritures et tu verras que les apôtres, nos maîtres, ont demandé cela à leurs enfants ou l'ont prescrit à leurs disciples. Tu me l'as demandé pour toi et Dieu voit combien je le fais. Qu'il m'exauce, lui qui sait que je le faisais avant même que tu ne me l'aies demandé ! Paie-moi donc de retour. « Nous sommes vos pasteurs, vous êtes le troupeau de Dieu », dit l'apôtre ; il faut considérer combien nos périls sont plus menaçants que ceux de nos obligés et prie pour moi. Il le faut pour toi et pour nous deux, afin que nous rendions bon compte de nous au Prince des pasteurs et au chef de tous. Prie pour que nous échappions ensemble aux séductions de ce monde, plus dangereuses que les tribulations : la paix du monde n'est bonne que lorsqu'elle sert à nous faire passer une vie tranquille en toute piété et en toute charité. Si la piété et la charité manquent, ce qui semblerait mettre à l'abri des maux du monde n'est qu'un sujet de dérèglement et de perdition. Ce n'est qu'une invitation au désordre, un glissement pour tomber dans la facilité. Demande donc pour nous que nous passions une vie paisible et charitable.

Je t'envoie d'autres livres, que tu n'as pas demandés, pour ne pas faire seulement ce que tu as désiré : ce sont les livres sur les vertus intangibles, de la patience, de la continence, de la providence et un grand livre sur la foi, l'espérance et la charité. Si tu lis tous ces ouvrages pendant que tu es en Afrique, écris-moi ce que tu en as pensé ; envoie-moi tes impressions, ou laisse-les à mon frère et ami Aurèle qui me les fera parvenir, ce qui ne m'empêchera pas d'espérer des lettres de toi, en quelque lieu que tu sois. De mon côté, autant que je le pourrai, mes lettres iront te chercher partout où tu pourras être. J'ai reçu avec reconnaissance ce que tu m'as envoyé, soit pour ma santé que tu voudrais meilleure afin que je puisse plus librement vaquer à Dieu, soit pour venir en aide à notre bibliothèque en te donnant les moyens d'acquérir ou de remplacer des livres. Que Dieu te donne, en récompense, dans ce monde et dans l'autre, les biens qu'il prépare à ceux qui agissent selon sa volonté. Salue de ma part, comme je te l'ai déjà demandé une fois, ce gage de paix[66] qui est auprès de toi et qui nous est si cher à l'un et à l'autre.

Lettre de François Pétrarque à Denis Robert[67]

J'ai fait aujourd'hui l'ascension de la plus haute montagne de cette contrée que l'on nomme avec raison le Ventoux[68]. J'ai été guidé uniquement par le désir de voir la hauteur extraordinaire du lieu. Il y avait plusieurs années que je nourrissais ce projet car, tu le sais, j'ai toujours vécu dans ses parages. Cette montagne, que l'on découvre au loin de toutes parts, est presque toujours devant les yeux. J'ai donc décidé de faire enfin ce que je projetais, d'autant plus que la veille en relisant l'histoire romaine de Tite-Live, j'étais tombé par hasard sur le passage où Philippe, roi de Macédoine, celui qui fit la guerre au peuple romain, gravit le mont Hémus en Thessalie, du sommet duquel il avait cru, par ouï-dire, que l'on apercevait deux mers : l'Adriatique et l'Euxin. Est-ce vrai ou faux ? Je ne peux pas le dire, parce que cette montagne est trop éloignée de notre région et que le désaccord des écrivains à ce sujet rend le fait douteux. Sans les citer tous, je note que le cosmographe Pomponius Mela déclare sans hésitation que c'est vrai ; Tite-Live, pour sa part, pense que c'est faux. Pour moi, si l'exploration de l'Hémus m'était aussi accessible que l'a été celle du Ventoux, je ne laisserais pas longtemps la question indécise. De plus, mettant de côté la première de ces montagnes pour en venir à la seconde, j'ai cru qu'on excuserait dans un jeune citoyen ordinaire ce qu'on ne blâme pas dans un vieux roi.

Mais quand je songeai au choix d'un compagnon, chose étonnante, pas un de mes amis ne parut me convenir sous tous les rapports, tant est rare, même entre personnes qui s'aiment, le parfait accord des volontés et des caractères! L'un était trop mou, l'autre trop actif; celui-ci trop lent, celui-là trop vif; tel trop triste, tel trop gai. Celui-ci était plus fou, celui-là plus sage que je ne souhaitais. L'un m'effrayait par son silence, l'autre par sa turbulence; celui-ci par sa pesanteur et son embonpoint, celui-là par sa maigreur et sa faiblesse. La froide insouciance de l'un ou l'ardente activité de l'autre me rebutaient. Ces inconvénients, tout fâcheux qu'ils soient, se tolèrent à la maison, là où la charité supporte tout et l'amitié ne refuse aucun fardeau; mais, en voyage, ils deviennent plus désagréables. Ainsi mon esprit difficile et avide d'un plaisir honnête pesait chaque chose en l'examinant, sans porter la moindre atteinte à l'amitié, et condamnait tout bas ce qui deviendrait une gêne pour le voyage à venir. Qu'en penses-tu? À la fin, je me tourne vers une assistance familière et je fais part de mon dessein à mon frère unique, moins âgé que moi et que tu connais bien. Il ne pouvait rien entendre de plus agréable et il me remercia de voir en lui un ami en même temps qu'un frère.

Au jour fixé, nous avons quitté la maison, et nous sommes arrivés le soir à Malaucène, lieu situé au pied de la montagne, du côté du nord. Nous y sommes demeurés une journée et nous avons fait l'ascension avec nos deux domestiques, non sans de grandes difficultés, car cette montagne est une masse de terre rocheuse taillée à pic et presque inaccessible. Mais le poète a dit avec raison: «Un labeur opiniâtre vient à bout de tout.» La longueur du jour, la douceur de l'air, la vigueur de l'âme, la force et la dextérité du corps et d'autres circonstances nous favorisaient. Notre seul obstacle était dans la nature des lieux. Nous avons trouvé dans les gorges de la montagne un pâtre d'un âge avancé qui s'efforça par beaucoup de paroles de nous détourner de cette ascension. Il nous dit que cinquante ans auparavant, animé de la même ardeur juvénile, il était monté jusqu'au sommet, mais qu'il n'avait rapporté de là que repentir et fatigue, ayant eu le corps et les vêtements déchirés par les pierres et les ronces. Il ajoutait que jamais, ni avant, ni depuis, on n'avait ouï dire que personne eût osé en faire autant. Pendant qu'il prononçait ces mots d'une voix forte, comme les jeunes gens sont sourds aux conseils qu'on leur donne, sa défense redoublait notre envie. Voyant donc que ses efforts étaient vains, le vieillard fit quelques pas et nous montra du doigt un sentier ardu à travers les rochers, en nous faisant mille recommandations qu'il répéta encore derrière nous quand nous nous sommes éloignés.

Après avoir laissé entre ses mains des vêtements et d'autres objets qui nous embarrassaient, nous avons pris uniquement ce qui était nécessaire à l'ascension afin de monter sans encombre. Nous sommes partis rapidement mais, comme il arrive toujours, le grand effort a été suivi d'une prompte fatigue. Nous nous sommes reposés non loin de là, sur un rocher. Peu après, nous sommes repartis mais plus lentement ; moi surtout je cheminai d'un pas plus modéré. Mon frère, par une voie plus courte, s'engageait vers le sommet de la montagne ; moi, plus mou, je me dirigeais vers le bas et comme il me rappelait et me désignait une route plus directe, je lui répondis que j'espérais trouver d'un autre côté un passage plus facile et que je ne craignais pas un chemin plus long, mais plus commode. Je couvrais ma mollesse de cette excuse et, pendant que, lui, occupait déjà les hauteurs, j'errais dans la vallée sans découvrir un accès plus doux. Comble de malheur, j'avais allongé ma route et doublé inutilement ma peine. Déjà accablé de lassitude, je regrettais d'avoir fait fausse route et je résolus pour de bon de gagner le sommet. Lorsque, plein de fatigue et d'anxiété, j'ai rejoint mon frère, qui m'attendait et s'était reposé en restant longtemps assis, nous avons marché quelque temps d'un pas égal. À peine avions-nous quitté cette colline, voilà qu'oubliant mon premier détour, je m'enfonce immédiatement vers le bas de la montagne ; je parcours une seconde fois la vallée et, en cherchant une route longue et facile, je tombe dans une longue difficulté. Je différais la peine de monter, mais le génie de l'homme ne supprime pas la nature des choses et il est impossible qu'un corps parvienne en haut en descendant. Bref, cela m'arriva trois ou quatre fois en quelques heures à mon grand mécontentement et non sans faire rire mon frère. Après avoir été si souvent déçu, je m'assis au fond d'une vallée.

Là, sautant par une pensée rapide des choses matérielles aux choses immatérielles, je m'interpellai moi-même en ces termes ou à peu près : « Ce que tu as éprouvé tant de fois dans l'ascension de cette montagne, sache que cela arrive à toi et à beaucoup de ceux qui marchent vers la vie heureuse ; mais on ne s'en aperçoit pas aussi aisément, parce que les mouvements du corps sont manifestes, tandis que ceux de l'âme sont invisibles et cachés. La vie que nous appelons heureuse est située dans un lieu élevé ; un chemin étroit, dit-on, y conduit. Plusieurs collines se dressent aussi dans l'intervalle et il faut marcher de vertu en vertu par de glorieux degrés. Au sommet est la fin de tout et le terme de la route qui est le but de notre voyage. Nous voulons tous y parvenir ; mais, comme dit Ovide : "C'est peu de vouloir ; pour posséder une chose, il faut la désirer vivement." Pour toi assurément, à moins que tu ne te trompes en cela comme en beaucoup de choses, non seulement tu veux, mais tu désires. Qu'est-ce qui te retient donc? Rien, à coup sûr, sinon la route plus unie semblant au premier aspect plus facile, du fait des voluptés terrestres et infimes qu'elle suggère. Mais quand tu te seras longtemps égaré, il te faudra ou gravir, sous le poids d'une fatigue différée mal à propos, vers la cime de la vie heureuse, ou tomber lâchement dans le bas-fond de tes péchés ; si les ténèbres et l'ombre de la mort te trouvent là, tu passeras une nuit éternelle dans des tourments sans fin. » On ne saurait croire combien cette pensée redonna du courage à mon âme et à mon corps pour ce qu'il me restait à faire. Et plût à Dieu que j'accomplisse avec mon âme le voyage après lequel j'aspire jour et nuit, en triomphant enfin de toutes les difficultés, comme j'ai fait aujourd'hui pour ce voyage pédestre ! Je ne sais pas si ce que l'on peut faire par l'âme agile et immortelle, sans bouger de place et en un clin d'œil, n'est pas beaucoup plus facile que ce qu'il faut opérer pendant un laps de temps déterminé, à l'aide d'un corps mortel et corruptible et sous le lourd fardeau des membres.

Le pic le plus élevé est nommé par les paysans le Fils ; j'ignore pourquoi, à moins que ce ne soit par antiphrase, comme cela arrive quelquefois, car il paraît véritablement le père de toutes les montagnes voisines. Au sommet de ce pic est un petit plateau. Nous nous y sommes reposés enfin de nos fatigues. Puisque tu as écouté les réflexions qui ont assailli mon âme pendant que je peinais à l'ascension de la montagne, écoute encore le reste, mon père, et accorde, je te prie, une heure de ton temps à la lecture des actes d'une de mes journées. Tout d'abord frappé du souffle inaccoutumé de l'air et de la vaste étendue du spectacle, je restai immobile de stupeur. Je regarde ; les nuages étaient sous mes pieds. L'Athos et l'Olympe me sont devenus moins incroyables depuis que j'ai vu sur une montagne de moindre réputation ce que j'avais lu et appris d'eux. Je dirige ensuite mes regards vers la partie de l'Italie où mon cœur incline le plus. Les Alpes debout et couvertes de neige, à travers lesquelles le cruel ennemi du nom romain se fraya jadis un passage en perçant les rochers avec du vinaigre[69], si l'on en croit la rumeur, me parurent tout près de moi quoiqu'elles fussent à une grande distance. J'ai soupiré, je l'avoue, devant le ciel de l'Italie qui apparaissait à mon imagination plus qu'à mes regards, et je fus pris d'un désir inexprimable de revoir et mon ami et ma patrie. Ce ne fut pas toutefois sans que je blâme la mollesse du sentiment peu viril qu'attestait ce double vœu, quoique je pouvais invoquer une double excuse appuyée de grandes autorités. Ensuite une nouvelle pensée s'empara de mon esprit et le transporta des lieux vers le temps. Je me disais: «Il y a aujourd'hui dix ans qu'au sortir des études de ta jeunesse tu as quitté Bologne. Ô Dieu immortel! ô sagesse immuable! Que de grands changements se sont opérés dans ta conduite durant cet intervalle!» Je laisse de côté ce sujet infini, car je ne suis pas encore dans le port pour songer tranquillement aux orages passés. Il viendra peut-être un temps où j'énumérerai par ordre toutes mes fautes en citant d'abord cette parole de ton cher Augustin: «Je veux me rappeler mes souillures passées et les corruptions charnelles de mon âme, non que je les aime, mais pour que je t'aime, ô mon Dieu.» Il me reste encore à accomplir une tâche très difficile et très pénible. Ce que j'avais coutume d'aimer, je ne l'aime plus. Je mens. Je l'aime, mais modérément. Je mens encore une fois. Je l'aime, mais en rougissant et avec chagrin. J'ai dit enfin la vérité. Oui, j'aime, mais ce que j'aimerais à ne pas aimer, ce que je voudrais haïr. J'aime cependant, mais malgré moi, mais par force, mais avec tristesse et avec larmes et je vérifie en moi-même le sens de ce vers si fameux: «Je haïrai si je puis; sinon, j'aimerai malgré moi.» Trois ans ne sont pas encore écoulés depuis que cette volonté perverse et coupable, qui me possédait tout entier et régnait seule sans contradicteur dans le palais de mon âme, a commencé à rencontrer une autre volonté rebelle et luttant contre elle. Depuis longtemps entre ces volontés, il se livre dans le champ de mes pensées, au sujet de la prééminence de l'un et de l'autre homme, un combat très rude et maintenant encore indécis. C'est ainsi que je parcourais en imagination mes dix dernières années. Puis je me reportais vers l'avenir et je me demandais : « Si par hasard, il t'était donné de prolonger cette vie éphémère pendant deux autres lustres et de t'approcher de la vertu à proportion autant que pendant ces deux années, grâce à la lutte de ta nouvelle volonté contre l'ancienne, tu t'es relâché de ta première obstination, ne pourrais-tu pas alors, quoique ayant non la certitude, mais du moins l'espérance, mourir à quarante ans et renoncer sans regret à ce restant de vie qui décline vers la vieillesse ? »

Telles sont ou à peu près, mon père, les pensées qui me revenaient à l'esprit. Je me réjouissais de mon avancement, je pleurais de mon imperfection et je déplorais la mutabilité ordinaire des choses humaines. Je paraissais avoir oublié en quelque sorte pour quel motif j'étais venu là, jusqu'à ce qu'enfin, laissant de côté des réflexions pour lesquelles un autre lieu était plus opportun, je regardai et j'ai vu ce que j'étais venu voir. Averti par le soleil qui commençait à baisser et par l'ombre croissante de la montagne que le moment de partir approchait, je me réveillai pour ainsi dire et, tournant le dos, je regardai du côté de l'Occident.

On n'aperçoit pas de là la cime des Pyrénées, ces limites de la France et de l'Espagne, non qu'il y ait quelque obstacle que je sache, mais uniquement à cause de la faiblesse de la vue humaine. On voyait très bien à droite les montagnes de la province lyonnaise, et à gauche la mer de Marseille et celle qui baigne Aigues-Mortes, distantes de quelques jours de marche. Le Rhône était sous nos yeux. Pendant que j'admirais tout cela, tantôt ayant des goûts terrestres, tantôt élevant mon âme à l'exemple de mon corps, je voulus regarder le livre des *Confessions* de saint Augustin, présent de ton amitié que je conserve en souvenir de l'auteur et du donateur et que j'ai toujours entre les mains. J'ouvre ce livre d'un très petit volume, mais d'un charme infini pour lire ce qui se présenterait, car que pouvait-il se présenter si ce n'est des pensées pieuses et profondes ? Je tombai par hasard sur le dixième livre de cet ouvrage. Mon frère, désireux d'entendre par ma bouche quelque chose de saint Augustin, se tenait debout, l'oreille attentive. J'atteste Dieu et celui qui était à côté de moi qu'aussitôt que j'eus jeté les yeux sur le livre, j'y lus : « Les hommes s'en vont admirer les cimes des montagnes, les vagues de la mer, le vaste cours des fleuves, les circuits de l'Océan, les révolutions des astres, alors qu'ils se délaissent eux-mêmes. » Je fus frappé d'étonnement, je l'avoue et, priant mon frère, avide d'entendre de ne pas me troubler, je fermai le livre. J'étais irrité contre moi-même d'admirer maintenant encore les choses de la terre, quand depuis longtemps j'aurais dû apprendre à l'école même des philosophes qu'il n'y a rien de plus admirable que l'âme et qu'en découvrant sa grandeur, rien d'autre n'est grand. Alors, trouvant que j'avais assez vu la montagne, je détournai sur moi-même mes regards intérieurs et, dès ce moment, on ne m'entendit plus parler jusqu'à ce que nous soyons parvenus en bas.

Cette parole m'avait imposé le silence. Je ne pouvais pas penser qu'elle fût l'œuvre du hasard ; tout ce que j'avais lu là, je le croyais dit pour moi et non pour un autre. Je me rappelais que saint Augustin avait eu jadis la même opinion pour lui-même quand, comme il le racontait, lisant le livre de l'Apôtre, ce passage lui tomba d'abord sous les yeux : « Marchez loin de la débauche et de l'ivrognerie, des faux plaisirs et des impudicités, des dissensions et des jalousies. Mais revêtez-vous de Jésus-Christ notre Seigneur, et n'ayez point d'égard pour la chair en ce qui regarde ses convoitises. » Cela était arrivé auparavant à saint Antoine, lorsqu'il entendit ces paroles de l'Évangile : « Si tu veux être parfait, vas vendre ce que tu as et donne-le aux pauvres, et tu auras un trésor dans le ciel ; après cela viens et suis-moi. » Comme si ces paroles s'adressaient à lui, Antoine se soumit au joug léger du Seigneur. De même que saint Antoine, après avoir entendu cela, n'en demanda pas davantage et de même que saint Augustin, après avoir lu cela, n'alla pas plus loin, ma lecture se borna aux quelques paroles que je viens de citer. Je réfléchis en silence au peu de sagesse des mortels qui, négligeant la plus noble partie d'eux-mêmes, se répandent partout et se perdent en vains spectacles, cherchant au-dehors ce qu'ils peuvent trouver en eux. J'admirai la noblesse de l'âme si, dégénérant volontairement, elle ne s'écartait pas de son origine et ne se convertissait pas en opprobre, ce que Dieu lui avait donné pour s'en faire honneur. Pendant cette descente, chaque fois que je me retournais pour regarder la cime de la montagne, elle me paraissait à peine haute d'une coudée en comparaison de la hauteur de la nature humaine si l'on ne la plongeait dans la fange des souillures terrestres. Je me disais aussi à chaque pas : « Si je n'ai pas craint d'endurer tant de sueurs et de fatigues pour que mon corps s'approchât un peu du ciel, quel gibet, quelle prison, quel chevalet, devraient effrayer mon âme marchant vers Dieu et foulant aux pieds la cime de l'orgueil et les destinées humaines ? » Et encore : « À combien arrivera-t-il de ne pas s'éloigner de ce sentier par la crainte des souffrances ni par le désir des voluptés ? Ô trop heureux celui-là s'il existe quelque part ! C'est de lui, j'imagine, que le poète a dit : « Heureux qui a pu connaître les principes des choses et qui a mis sous ses pieds la crainte de la mort, l'inexorable destin et le bruit de l'avare Achéron[70] ! Ô, avec quel zèle nous devrions faire en sorte d'avoir sous nos pieds non les hauteurs de la terre, mais les appétits que soulèvent en nous les impulsions terrestres ! »

Parmi ces mouvements d'un cœur agité, ne m'apercevant pas de l'âpreté du chemin, je revins au milieu de la nuit à l'hôtellerie rustique d'où j'étais parti avant le jour. Un clair de lune avait prêté à notre marche son aide agréable. Pendant que les domestiques s'occupaient à apprêter le souper, je me suis retiré seul dans un coin caché de la maison pour t'écrire cette lettre à la hâte et sans préparation, de peur que si je différais, mes sentiment venant peut-être à changer suivant les lieux, mon désir de t'écrire ne se refroidît. Tu vois, tendre père, combien je veux que rien de moi n'échappe à tes regards ; puisque je te découvre avec tant de soin, non seulement ma vie tout entière, mais chacune de mes pensées. En revanche, prie, de grâce, pour que ces pensées si longtemps vagabondes et inconstantes s'arrêtent enfin, et, qu'après avoir été ballottées inutilement de tous côtés, elles se tournent vers le seul bien, vrai, certain, immuable. Adieu.

L'avantage d'un beau livre est de nous faire partager l'intimité d'un autre être. En ce sens, le livre d'Augustin, *Les Confessions*, est très beau puisqu'il s'appuie sur la sincérité d'un homme qui prend le risque de confier ses expériences personnelles au jugement de ceux qui le liront. Il est l'occasion d'une grande rencontre. Comme toute conversation digne de ce nom implique de laisser la chance à l'interlocuteur d'exprimer sa parole, je souhaite que les extraits lus ici soient le déclencheur d'une lecture intégrale de l'œuvre car, « pour bien entendre un livre, il convient de le lire dans son entier, fût-ce à la course, d'en épouser le rythme, afin que les parcelles qu'on choisira demeurent dans la lumière du tout[71] ». Après, on peut relire sans se lasser les passages qui nous inspirent le plus. Lorsque je me dis que j'en ai fini avec lui et que je crois avoir épuisé son contenu, je vois souvent poindre en mon esprit une question philosophique que j'avais négligée, ou une occasion de mesurer les limites de ma foi, ou encore une occasion de revenir sur tel souvenir qui m'aide à mieux comprendre mon existence et celle des autres. Je suis toujours charmé et intrigué par l'éloquence que le texte contient. Je suis encore émerveillé par l'érudition qu'on y trouve. Surtout, je suis fasciné par sa prose qui ne manque jamais de m'émouvoir. C'est comme une grande musique que l'on apprécie d'autant plus que l'on prend la peine de lire à haute voix.

« Lire, c'est élire[72] ! » Il s'agit de choisir, parmi tout ce qui s'offre à nous, une littérature apte à l'élévation de l'esprit. C'est trouver, par le biais d'un livre, une pensée qui décloisonne l'âme des vicissitudes de l'habitude. Ces choix sont précieux et ils dépendent souvent d'une foule de facteurs dont on ne maîtrise pas bien les causes. La trame qui réunit un auteur et son lecteur est tissée par des contingences multiples, mais une fois le contact établi, nous avons la liberté de cultiver l'amitié. C'est une certitude qui me guide : on doit favoriser une première rencontre. Il faut présenter Augustin aux hommes de toutes les générations comme on introduit un grand ami auprès d'autres que l'on estime. Ils comprendront peut-être que : « Saint Augustin est tout ensemble sublime et populaire ; il remonte aux plus hauts principes par les tours les plus familiers ; il interroge ; il se fait interroger ; il répond. C'est une conversation entre lui et son auditeur[73] », qui permet d'aspirer aux plaisirs de la connaissance, aux délices de l'amitié, à la possibilité de la contemplation et de la rencontre avec Dieu.

Jalons de la vie d'Augustin

Biographie commentée

Un florilège ou une anthologie des *Confessions* ne permet pas de comprendre et de suivre la chronologie des événements marquants de la vie d'Augustin. Pour pallier un tant soit peu cette lacune, je propose au lecteur ces jalons, sorte de biographie commentée à laquelle j'ai ajouté la liste de tous ses ouvrages.

354 : Souvenirs d'enfance

Aurelius Augustinus est né en 354 à Thagaste (Souk Ahras dans l'actuelle Algérie). Ses parents étaient de condition plutôt modeste, mais ils avaient de grandes ambitions pour leur fils. Son père, Patricius, n'a ménagé aucun effort pour doter son enfant de la meilleure éducation possible, bien que l'argent manquât souvent : « Mon père y apportait plus de cœur que de moyens, étant un citoyen de Thagaste très modeste » (*Les Confessions*, II, II, 3). Sa mère, Monique, femme pieuse, joua un rôle déterminant dans sa vie. Elle pria beaucoup pour la conversion de son fils. De la petite enfance d'Augustin, on sait peu de choses car, selon ses propres dires, « cet âge appartient aux méandres ténébreux de l'oubli et la mémoire n'en garde aucune trace ». Par contre, l'adulte s'est souvenu et il a témoigné d'un grand respect pour ses parents. Après le décès de ceux-ci, il a, dans ses *Confessions*, exprimé le souhait « que tous ceux qui liront ces lignes se souviennent de Monique ta servante, et de Patrice qui fut son époux, ceux par la chair de qui tu m'as introduit dans cette vie, sans que je sache comment […], que dans un sentiment de piété ils se souviennent d'eux, mes parents, dans cette lumière passagère » (*Les Confessions*, IX, V, 13).

366-369 : L'école de la première éducation

La vie d'écolier du jeune Augustin a été remplie des mêmes leçons que toutes celles des enfants de son époque. Comme tous les jeunes, il préférait les jeux à l'école. En évoquant ce souvenir dans *Les Confessions*, Augustin a jeté un regard critique sur nos motivations d'adultes. Enseignants, pères et mères sont rabroués du fait qu'ils préféraient souvent aussi le jeu à la gravité de la vie. À sa manière, il dénonçait ce que l'on nomme aujourd'hui « l'esprit de sérieux » pour mettre en valeur le sérieux de la vie de l'esprit, de la réflexion sur l'être humain et du devoir d'amitié envers autrui : « Ce n'était pas, Seigneur, par manque de mémoire ou d'intelligence : nous en avions, par ta volonté, suffisamment pour cet âge ; mais nous aimions le jeu, et nous en étions punis par des gens qui, bien entendu, agissaient de même sorte. Seulement les amusements des adultes s'appellent des affaires et bien que ceux des enfants soient de même sorte, les adultes les châtient et personne n'a pitié des enfants ou des adultes, ou des uns et des autres » (*Les Confessions*, I, VI, 9). De plus, l'élève Augustin, dont l'esprit accusait une certaine négligence pour l'apprentissage de la langue grecque, savait faire la différence entre les études vraiment profitables et celles qui pouvaient nuire au sain développement moral des jeunes. Au cœur de la littérature de son époque, on trouvait toujours l'exemple des dieux et des héros de la mythologie. Quel modèle était proposé ? Celui de la projection des travers et des dispositions les moins nobles de l'homme : « Mais quel motif avais-je de détester le grec, auquel on m'initiait dès ma prime jeunesse ? […] Car enfin, l'étude des lettres qui consiste à apprendre à lire et écrire est plus profitable que celles des lettres qui enseigne la course égarée de je ne sais quel Énée, en oubliant mes propres égarements » (*Les Confessions*, I, VIII, 13). Bref, il serait faux de prétendre que l'enfant de Thagaste fut rébarbatif à l'étude. Au contraire, la très grande maîtrise de l'art d'écrire et l'érudition remarquable de l'adulte mature d'Hippone témoignent de résultats qui ne pouvaient être que le fruit d'une vie studieuse. Ce que le récit des *Confessions* a légué comme critique de la première éducation se résumait au risque constant de corruption des mœurs. Une corruption qui dépendait du choix des lectures et des attitudes orgueilleuses de maîtres qui, tout en cultivant les intelligences, laissaient croître le mépris pour ceux qui étaient pris en défaut de connaissance des règles de phonétique : « C'est au point que si quelqu'un, qui connaît ou enseigne ces vieilles conventions sur les sons, viole une règle de grammaire en n'aspirant pas la première syllabe du mot « hominem » qu'il prononce, il choque plus les hommes que s'il viole tes préceptes [les préceptes divins] en haïssant un homme, en tant qu'il est un homme » (*Les Confessions*, IV, III, 4).

370-373 : L'éducation libérale

Pendant cette période, Augustin a étudié à Carthage ; son père Patricius est décédé et le jeune adulte qu'il était s'est engagé avec celle qui deviendra la mère de son fils Adéodat. Sur le plan de la formation scolaire, il a goûté à une éducation libérale qui l'a introduit aux grandes œuvres littéraires. Il y a puisé la matière qui a permis l'exercice de ses grandes qualités de rhéteur. Dans la capitale de l'Afrique du Nord, il a goûté et apprécié les beaux arts, dont le théâtre. Revenant plus tard sur cette période de sa vie, il a observé et critiqué certaines failles dans l'usage que l'on faisait de la littérature théâtrale qui révélait des traits pour le moins problématiques du comportement humain : « J'étais ravi par le théâtre et ses spectacles remplis des images de ma misère, et de nourritures de ma corruption. Comment se fait-il qu'au théâtre, l'homme veuille souffrir devant le spectacle d'événements douloureux et tragiques, dont pourtant il ne voudrait pas lui-même pâtir ? Et pourtant, il consent à souffrir des souffrances qu'il y trouve, en spectateur, et cette souffrance fait son plaisir. Qu'est-ce là, sinon une étonnante folie ? » (*Les Confessions*, III, II, 2).

372 : L'année des commencements

On peut affirmer que cette année s'est caractérisé par trois débuts. Le premier consiste en la naissance de son fils Adéodat. Le second correspond à l'accueil de la vie philosophique par la lecture de l'*Hortensius* de Cicéron. Cette année a marqué la première grande rencontre avec la philosophie : « Déjà le programme habituel des études m'avait fait parvenir à un ouvrage d'un certain Cicéron, chez qui on admire en général la langue, le cœur pas tellement. Mais ce livre contient, de l'auteur lui-même, une exhortation à la philosophie, et s'appelle l'Hortensius. Or ce livre changea mes sentiments […] Car ce n'était pas à l'affinement du langage que je rapportais la lecture de cet ouvrage ; ce n'était pas de l'expression littéraire, mais de la pensée exprimée qu'il m'avait persuadé » (*Les Confessions*, III, II, 4). Cette lecture a exercé une influence déterminante sur le cheminement intellectuel du jeune Augustin. Il a trouvé dans ce texte une exhortation à la vie de l'esprit, à la recherche rationnelle du vrai, du bien et du beau. La troisième nouveauté a été celle de son adhésion au manichéisme. Cette secte, mal connue de nos contemporains, présentait une cosmogonie complexe et un système d'interprétation des textes bibliques très élaboré. En fait, ce qui a séduit Augustin, c'est toute la démarche rationnelle intervenant dans cette vision du monde et de Dieu. Étonnamment, c'est pour les mêmes raisons qu'il sera séduit plus tard par les sermons d'Ambroise.

374 : Enseigner la grammaire et cultiver la philosophie

À l'âge de vingt ans, Augustin a commencé sa carrière de professeur. Il enseignait la grammaire à Thagaste. Son cheminement philosophique l'a conduit à lire beaucoup et à s'émerveiller de ce qu'il découvrait au fil de ces lectures, tout en mesurant les limites de la démarche des philosophes. On n'a pas toujours su évaluer jusqu'à quel point l'intelligence d'Augustin est empreinte de l'esprit platonicien. À titre d'exemple, l'extrait qui suit évoque tant par le fond que par la forme l'allégorie de la caverne : « Je trouvais de la joie dans ces lectures et je ne savais pas d'où venait tout ce qu'il y avait de vrai et de certain. Car j'avais le dos à la lumière, et le visage dirigé vers les objets éclairés ; aussi mon visage lui-même, qui les voyaient éclairés, n'était pas éclairé » (*Les Confessions*, IV, XI, 16). La lecture a toujours occupé une place centrale dans la culture de l'intellectuel qu'est devenu saint Augustin. Il s'est abondamment nourri de l'œuvre philosophique de Platon, surtout par Plotin, Cicéron et Victorinus. En bon érudit de son époque, c'est-à-dire rompu à la discipline des lettres tout comme à l'étude des institutions latines, il se référera souvent au poète Virgile et aux historiens Salluste, Varron et Tite-Live. À tout cela s'ajoutera plus tard une fréquentation assidue de la Bible et particulièrement des lettres de saint Paul.

375-383 : Carthage, ou le temps de Faustus

Sa carrière en tant que professeur de rhétorique s'est poursuivie à Carthage. Cette capitale africaine a représenté une étape importante dans la vie d'Augustin. Il s'agit des premiers élans du très grand maître d'éloquence qu'il fut. C'était aussi l'âge des interrogations de fond et du désir d'y répondre. À l'occasion de la mort d'un de ses amis intimes, Augustin a témoigné d'une conscience inquiète en face du sens de l'existence et de l'absurdité apparente de l'aventure humaine. Il s'est préoccupé aussi du silence et de l'absence de Dieu : « Devenu pour moi-même une immense énigme, j'interrogeais mon âme : pourquoi était-elle si triste ? et pourquoi me troublait-elle si fort ? Et elle ne pouvait me répondre d'aucune manière. Et je lui disais : « Espère en Dieu », mais elle gardait silence et elle était justifiée de le faire car ce cher ami perdu était bien plus réel que l'être évanescent auquel elle était priée d'espérer. Seules mes larmes avaient quelque douceur et elles comblaient mon cœur en l'absence de mon ami disparu » (*Les Confessions*, IV, VIII, 13). Augustin, par le biais d'une rétractation, a convenu d'une certaine exagération dans le ton et dans l'importance qu'il a accordée à cet événement. Mais on comprend pourquoi on a dit de ce penseur africain qu'il était le plus « moderne » des philosophes de l'Antiquité, si on se fie au ton romantique qu'il a adopté. Dans le giron des questions philosophiques de fond, ses premières réflexions ont porté sur la nature du beau en lui-même ou en relation à autre chose (le convenable). D'après les indications contenues dans *Les Confessions*, les théories de ce traité tentaient, en partie, de justifier le modèle manichéen de la matière et de l'esprit.

Œuvre écrite par Augustin pendant cette période :

— *Du Beau et du Convenable*

382 : L'abandon du manichéisme

Augustin a amorcé sa rupture définitive avec le manichéisme. En lisant *Les Confessions*, on est assez vite frappé par la place qu'occupaient les figures de parangon dans les récits qui y sont contenus. Il n'est pas un livre où le lecteur, mis en présence des gens qui ont côtoyé l'auteur, ne soit incité à voir en ces personnes des « modèles » de vertus morales et de talents naturels ou encore de défauts et de faiblesses multiples. Le cas de Faustus était intéressant. Augustin a associé la cause de sa coupure avec la secte en grande partie à la déception qu'il a éprouvée à la rencontre de cet homme. Alors qu'il lui vouait une admiration certaine, eu égard à son charisme d'orateur et à sa prétention d'avoir une connaissance approfondie de la philosophie, la discussion entre ces deux hommes a tôt fait de révéler l'ignorance effective de Faustus en ces matières. Faustus est présenté par Augustin sous les traits d'un sophiste célèbre, à l'exemple d'un Protagoras. Cette figure de maître manichéen a été opposée à celle d'Ambroise, qui possédait talent oratoire et profonde érudition : « Je me laissais prendre au doux charme d'un langage plus savant sans doute, mais, en ce qui concerne la forme, moins enjoué pourtant, et moins charmant que chez Faustus. Mais, quant au fond des choses elles-mêmes, aucune comparaison : l'un s'égarait à travers les faussetés manichéennes, l'autre exposait, d'une manière salutaire, une doctrine de salut » (*Les Confessions*, V, XIII, 23). Au Protagoras manichéen qu'était Faustus, Augustin, en bon platonicien, oppose un Socrate chrétien en la personne de l'évêque Ambroise.

383-384 : Rome, ou la transition entre deux manières de vivre

Augustin a près de trente ans et, à l'insu de sa mère, Monique, il part pour Rome. Il souhaitait donner un élan décisif à ses initiatives pour satisfaire ses ambitions de carrière. Mais à son arrivée, à l'été de 383, il tombe malade. De plus, son affranchissement des doctrines manichéennes a laissé un vide qui l'a plongé dans le doute et le scepticisme. Cet épisode à Rome aura été court et particulièrement éprouvant. Il a représenté une étape charnière entre deux modes de vie. À la maladie et au doute s'est ajoutée la fraude de ses élèves romains. En effet, Augustin a été victime d'une malhonnêteté répandue dans les mœurs romaines du temps : pour ne pas avoir à payer leurs maîtres, les jeunes disciples changeaient de précepteurs avant la fin des leçons.

384-386 : Milan, ou le temps d'Ambroise

Point culminant de la carrière, le professeur est parvenu au poste prestigieux de rhéteur officiel à Milan, ville qui, paradoxalement, a été le lieu d'un nouveau départ où la carrière n'avait plus d'importance. Grâce à l'influence de quelques connaissances manichéennes, Augustin a accédé à l'emploi le plus prestigieux pour un maître de rhétorique. En effet, il est devenu haut fonctionnaire de la politique milanaise, après un concours orchestré par Symmaque. Il a pu ainsi jouer un rôle important dans les affaires de la cité par le biais de la composition de discours destinés aux hauts dirigeants mandatés par l'Empire. À lui seul, ce poste représentait le tremplin idéal pour le retour en force d'une carrière romaine de très haut niveau. Mais voilà, l'ami de la sagesse qu'était Augustin allait côtoyer un autre chercheur de vérité en la personne de l'évêque Ambroise.

385 : La fin d'un amour

Augustin quitte sa compagne. Cette rupture a laissé une profonde cicatrice dans le cœur du jeune homme. Contrairement à ce que bien des gens pensent, la fin de cette vie en couple n'était pas imputable au choix d'Augustin de devenir prêtre. Dans les faits, il ne convenait pas, pour un homme dans sa situation, d'épouser une femme de condition modeste, ce qui était le cas de la mère d'Adéodat. La cassure de cette union de fait était une étape obligée pour accéder à des postes toujours plus prestigieux. La pression, tant maternelle que sociale, conviait Augustin à aller dans ce sens, mais l'affection réelle éprouvée pour cette femme africaine, doublée d'une quête de vie spirituelle plus intense, ont réussi à court-circuiter l'élan de ces projets mondains. Augustin n'a pas épousé celle qu'on lui proposait et a gardé précieusement en son âme le souvenir de celle qui lui donna un fils dont il était si fier. À en juger par le type de relations et l'affection que semblait entretenir Augustin et Adéodat, il ne fait pas de doute que le fils de Patrice et de Monique a bien su s'acquitter de son rôle de père.

386 : Cassiciacum, ou l'art du dialogue entre amis

Augustin a entrepris la lecture des platoniciens. Ce travail préparera une conversion (métanoïa) de l'intelligence qui conduira à celle du cœur. Augustin a entretenu, tout au long de sa vie, son admiration pour la philosophie, comme en témoigne ce beau passage : « Nous n'avons jamais cessé de soupirer après la philosophie et nous n'avions absolument plus d'autres pensées que d'embrasser cette vie qui nous avait séduits et dont nous étions convenus ensemble ; ce dessein, nous ne cessions de l'entretenir, mais avec moins d'élan. Nous pensions cependant faire assez. Comme cette flamme qui devait nous embraser au plus haut point n'avait pas encore jailli, nous estimions que celle qui nous échauffait lentement était la plus grande possible. Mais voilà que certains livres riches de substance

[...] répandirent sur nous des parfums de l'Arabie et firent tomber sur cette petite flamme quelques gouttes de leur essence si précieuse : ce fut une chose incroyable, Romanianus, incroyable que cet incendie qui en résulta, et bien au-dessus de tout ce que tu peux penser. Que dire de plus ? Incroyable pour moi-même quand j'y songe. Les honneurs, la recherche de prestige, le désir de vaine gloire, enfin les douces attaches de cette vie mortelle, rien de tout cela pouvait-il alors me toucher ? Sans désemparer, je rentrai en moi tout entier » (*Contre les académiciens*, II, 2). De là, il s'est converti dans un jardin de Milan, au pied d'un figuier. Ce fut un moment tragique et grave, lourd de signification. Augustin a raconté cet épisode crucial de sa vie en l'entourant de toute une mise en scène, chargée de symboles multiples. Peu de temps après, Augustin, sa mère Monique, son fils Adéodat, de même que quelques amis, qui étaient tous animés du désir de chercher la vérité, se sont réfugiés dans le domaine de l'un d'entre eux, Verecundus, à Cassiciacum. Ce fut l'occasion d'un dialogue, à la manière des philosophes grecs, où la recherche porte sur la quête de la sagesse par excellence, à savoir, la sagesse divine et sa révélation en Jésus-Christ.

Œuvres écrites par Augustin pendant cette période :

— *Contre les académiciens*

— *La Vie heureuse*

— *De l'Ordre*

— *Les Soliloques*

387-390 : Le temps des dernières ruptures

La retraite de Cassiciacum a duré le temps des vacances. De retour à Milan, l'existence d'Augustin a été marquée par un temps de ruptures. Il a démissionné de son poste ; ce fut une coupure avec le monde et ses vanités. Il a reçu peu après le baptême sous les bons auspices de saint Ambroise. À partir de là, Augustin a entrepris un périple qui l'a conduit au lieu de ses origines. En route, il a été contraint à une escale obligée au port d'Ostie. C'est en ce lieu, entre sa nouvelle vie et l'ancienne, que le futur docteur de la grâce a vécu la rupture avec sa mère de chair. Une rupture tout en douceur qui fut précédée d'un entretien émouvant et profond entre le fils et la mère qui contemplaient, par degrés, l'œuvre de Dieu jusqu'à la paix joyeuse de la communion des âmes. C'est le fameux passage du neuvième livre des *Confessions*, que l'on a désigné traditionnellement sous le vocable d'«extase d'Ostie»: «Et que disparaissent toutes autres visions, qui sont de l'ordre des biens inférieurs; que seulement elle [la sagesse éternelle] ravît, absorbât et plongeât, dans les joies intérieures celui qui la contemple; que la vie éternelle soit cette intuition, ombre passagère de nos aspirations» (*Les Confessions*, IX, X, 25). Quelques jours plus tard, Monique meurt paisiblement aux côtés de celui qu'elle mit au monde pour le voir vaincre le monde, par son adhésion libre à la foi catholique. Reprenant sa route, Augustin séjourna à Rome un an avant de regagner Thagaste. C'est là, sur la terre de son enfance, qu'Augustin a vu mourir son unique enfant, des suites d'une maladie à l'âge de dix-neuf ans. Il a perdu aussi, la même année, son très cher ami Nebridius. Affecté par la douleur de toutes ces séparations, Augustin est resté obsédé par l'idée de reproduire la vie idéale de «retraite philosophique» de Cassiciacum. Adéodat était un fils reconnaissant et un disciple docile, que son père avait introduit auprès du «maître intérieur», qui représente l'esprit de Dieu en l'homme. Nebridius avait été, pour Augustin, un véritable ami de la sagesse. De l'idée de retraite philosophique allait germer celle de monastère.

Œuvres écrites par Augustin pendant cette période:

— *De l'Immortalité de l'âme*

— *La Musique*

— *La Dimension de l'âme*

— *Le Libre Arbitre* (I-II)

— *Du Maître*

391-395: Prêtre pour l'éternité

De 391 à 394, Augustin est entré pleinement dans sa nouvelle vie. Il a quitté Thagaste en chérissant le dessein de trouver un endroit plus grand où fonder son nouveau type de monastère. Il a abouti enfin à Hippone pour y être acclamé prêtre. On dit «acclamé» plutôt que «nommé», car dans l'Église de la fin du IIIe siècle, l'accès à la vie sacerdotale était souvent affaire d'élection par la communauté chrétienne locale. En l'occurrence, la communauté d'Hippone avait bien besoin d'un pasteur. Augustin, qui était seulement de passage, a vite été repéré par la foule de croyants qui l'a conduit un peu malgré lui devant l'évêque Valérius. C'est ce dernier qui a ordonné Aurélius Augustinus prêtre pour l'éternité. Voilà comment, aux environs de sa trente-huitième année, Augustin a vu ses projets de vie chrétienne prendre une direction qu'il n'avait pas envisagée. Maintenant prêtre dans un diocèse qu'il ne quitterait jamais, son rythme de vie allait changer. Le jour était consacré au travail du pasteur et la nuit aux choses de l'esprit. À partir de cette époque, qui nous a laissé les œuvres majeures d'Augustin, le sommeil se faisait plus rare. Comme «aucun repos n'est assuré en dehors du Seigneur» (*Les Confessions*, II, VI, 13), la majeure partie de la nuit était employée à étudier et à commenter les textes bibliques. Vers la fin de ces quatre années, ce pasteur soucieux de ses brebis et cet intellectuel redoutable, qui a mis son talent au service de son Dieu, est devenu évêque coadjuteur.

Œuvres écrites par Augustin pendant cette période:

— *Le Libre Arbitre* (fin)

— *Du Mensonge*

396-430: Évêque, serviteur de la cité de Dieu

L'ascension au service de Dieu a fait d'Augustin l'évêque titulaire d'Hippone. Du point de vue de la vie intellectuelle, cette période a été importante, car il s'est consacré à une relecture sérieuse des écrits de saint Paul. Il y a puisé les éléments importants de ses idées sur la grâce. À quarante-trois ans, il rédigea ses célèbres *Confessions*. Ce chef-d'œuvre de littérature latine jouit encore et toujours d'un pouvoir d'attraction énorme sur le lecteur. C'est un texte à la fois simple et complexe, clair et obscur, franc et subtil. Son contenu parle au cœur de tous et nourrit l'esprit des plus doctes. C'est un exercice spirituel pour celui qui se laisse interpeller par le récit d'une vie qui cristallise l'essentiel de la vie de tout homme. C'est, selon son auteur, une invitation à scruter sa propre existence sous le regard de Dieu et de la loi naturelle pour aboutir à une conscience lucide de sa condition: «Mais qu'ai-je donc à voir avec les autres hommes, qu'ils lisent mes confessions, comme si c'était eux qui prendraient soin de mes misères ? Race curieuse de connaître la vie d'autrui, paresseuse pour corriger la sienne ! » (*Les Confessions*, X, III, 3). En 397, Augustin, en qualité d'évêque, a participé aux conciles de Carthage, celui de juin et celui d'août. Durant cette période, il s'est attaché à lutter contre le donatisme, une Église sectaire et très militante. Augustin était en relation constante avec le milieu aristocratique romain (païen et chrétien, que le sac de Rome a conduit en Afrique). Il a aussi rédigé *La Cité de Dieu*. Cette œuvre monumentale, fine et très érudite, est une apologie de la vraie religion par opposition à la religion civique, fondée sur la mythologie. Augustin y a présenté deux logiques de l'amour, radicalement opposées : « Deux amours ont donc bâti deux cités : l'une de la terre par l'amour de soi jusqu'au mépris de Dieu, l'autre du ciel par l'amour de Dieu jusqu'au mépris de soi » (*La Cité de Dieu*, XIX, 28). Mais comme Dieu est cause de l'amour, la cité terrestre est continuellement sauvée par la cité de Dieu qui, de génération en génération, tente de rectifier la triste logique d'un amour trop égocentrique. Augustin a participé au concile de Carthage et, fait intéressant à noter, ce fut à cette occasion qu'il discuta de la nécessité de baptiser les enfants à la naissance. À cette époque a commencé son combat contre Julien d'Éclane, qui n'a pris fin qu'avec la mort d'Augustin. Cet homme de Dieu est décédé le 28 août 430 dans la ville d'Hippone qui était assiégée depuis trois mois.

Œuvres écrites par Augustin pendant cette période :

— *Enseigner le christianisme*

— *Les Confessions*

— *La Trinité*

— *La Nature du bien*

— *La Catéchèse de débutants*

— *Commentaires aux Épîtres de Jean*

— *La Grâce du Christ et le péché originel*

— *La Cité de Dieu*

— *La Nature de la grâce*

— *La Grâce et le libre arbitre*

— *Les Révisions*

— *La Réprimande et le secours divin*

— *La Prédestination des saints*

— *Le Don de la persévérance*

Notes

1. À l'heure actuelle, on constate un engouement certain pour les lectures publiques de grands textes de la littérature. Pensons au regretté Philippe Noiret lisant des pages de Victor Hugo ; à Fabrice Luchini avec son spectacle présentant des extraits de Nietzsche et de La Fontaine ; à Roberto Benigni déclamant avec enthousiasme et chaleur les plus beaux vers de la *Divine Comédie*. On ne peut que se réjouir de telles manifestations culturelles où le talent d'acteurs de renom est mis au service de la diffusion d'œuvres phares.

2. Notre rencontre a eu lieu à la mi-décembre 2003. En plein tournage d'un film et après une longue journée de travail, Gérard Depardieu m'a donné rendez-vous à l'hôtel où il logeait au centre-ville de Montréal. Nous y avons partagé pendant plus d'une heure notre passion commune pour Augustin. Ce fut un entretien en toute simplicité, amical et profond, à la mesure de celui qui nous réunissait. C'est ainsi que, le 23 novembre 2005, s'est concrétisé le projet d'une lecture publique d'extraits des *Confessions* à la basilique Notre-Dame de Montréal, une première en Amérique.

3. T. Todorov, *Devoirs et délices. Une vie de passeur. Entretiens avec C. Portevin*, Paris, Le Seuil, 2002, p. 382.

4. Augustin, *La Cité de Dieu*, Œuvres complètes, tome 23. Paris, Librairie de Louis Vivès, 1873, p. 433.

5. Paul Valéry, *Tel Quel*, Paris, Gallimard, « Bibliothèque de la Pléiade », 1969, p. 501.

6. Serge Lancel, *Saint-Augustin*, Paris, Fayard, 1999, p. 312.

7. Nous reproduisons intégralement la lettre de Pétrarque au chapitre «Partager *Les Confessions*».

8. Dans le présent ouvrage, les textes d'Augustin sont tirés de la traduction française des *Œuvres complètes*, sous la direction de M. Raulx, Bar-le-Duc, Guérin & Cie, éditeurs, 1864-1873, tome premier; ces textes ont été revus et adaptés autant que possible aux formes du discours actuel. Ils offrent un dialogue entre Augustin et Dieu à la deuxième personne. Je crois respecter ainsi le ton convenant à l'esprit latin et donner le bon *tempo* au texte d'Augustin.

9. *De l'Ordre*, I, 2.

10. *Ibid.*, I, 3.

11. Sur cet aspect de la pensée d'Augustin, nous reproduisons ce passage du traité de la Trinité qui donne l'aperçu d'une version chrétienne du «connais-toi toi-même»: «La science que les hommes estiment le plus est celle qui a pour objet les choses célestes et terrestres, mais un autre savoir bien plus estimable consiste en la connaissance de soi-même. Oui, l'homme qui connaît sa propre faiblesse, mérite d'être loué au-dessus de celui qui, tout bouffi d'orgueil, étudie le cours des astres pour y faire des découvertes nouvelles, ou pour vérifier les anciennes. Malheureux, il ignore le cours de sa propre vie; il s'écarte de ce qui le conduirait au salut et à un bonheur stable. Au contraire, l'homme aiguillé par le saint Esprit et dont l'âme s'élève vers Dieu, mesure avec lucidité la distance le séparant de lui. Parce qu'il se sait aimé du Seigneur, il devient humble à ses propres yeux. Parce qu'il veut s'approcher de son créateur et parce qu'il s'en sent bien incapable, il expose sa conscience à la lueur du dispensateur de toute lumière. Il se rend alors compte de son état et il reconnaît la maladie de son âme, impossible à concilier avec la pureté de Dieu. C'est pourquoi un tel homme implore Dieu dans la douceur des larmes, il le conjure d'avoir de plus en plus compassion de lui, jusqu'à ce qu'enfin délivré du poids de ses misères, il puisse le prier avec une entière confiance. Il trouve ainsi l'assurance de son salut par la médiation du Verbe éternel, seule lumière du monde. Or l'âme de cet homme, consciente de son indigence, n'est pas enflée par une science corrompue, puisqu'elle est édifiée par la charité. En effet, elle a

pénétré au cœur de toute science car elle a préféré connaître sa propre faiblesse, plutôt que de se contenter des mesures de l'étendue de l'univers, des profondeurs de la terre ou de la hauteur des cieux. Mais surtout, elle est digne d'éloges, parce qu'à cette science, elle joint la simplicité du cœur, c'est-à-dire la tristesse de l'exil et le regret d'être éloigné de la patrie céleste et séparé de Dieu, souverain et fondateur de la cité éternelle.

Moi aussi, Seigneur, mon Dieu, je suis comme cet homme, serviteur de ton Christ, comme lui je gémis au milieu des pauvres qui te tendent la main. Donne-moi donc quelques miettes de ta science, afin que je puisse répondre aux demandes de ceux qui n'ont ni faim ni soif de justice, mais qui sont pleins et repus de leurs propres mérites. C'est une illusion trompeuse qui les rassasie et non ta vérité, qu'ils repoussent dédaigneusement. Aussi, tout en voulant s'élever, retombent-ils dans l'abîme de leur vanité. Certes, je n'ignore pas de combien d'illusions le cœur de l'homme est le jouet et je ne me méprends pas : qu'est-ce que mon cœur sinon un cœur d'homme ? C'est pourquoi je prie le Dieu de mon cœur de ne pas permettre que l'erreur se glisse sous ma plume et qu'au contraire, je donne à la vérité en cet ouvrage tout le développement dont je serai capable. Aussi éloigné de Dieu que je puisse être, je m'efforce de revenir à lui, par la voie que nous a tracée son seul Fils, qui s'est fait homme pour notre salut. Aussi ai-je confiance que le secours de sa vérité pourra m'éclairer. Je la reçois, il est vrai, dans un esprit muable et changeant et toutefois je n'aperçois en elle rien qui soit comme les corps, soumis aux lois de la durée et de l'espace. Bien plus, elle est, plus encore que notre pensée, indépendante du temps et des lieux. Elle est semblable à certaines représentations de notre intelligence, mais affranchie de toute image spatiale comme celles que l'on retrouve dans certains raisonnements. C'est qu'elle repose en l'essence divine, immuable dans son éternité comme dans sa vérité et sa volonté. Car en Dieu la vérité est éternelle, de même que l'amour est éternel ; en lui tout ensemble l'amour est vérité et l'éternité est vérité. L'éternité est amour et la vérité est amour » (*De Trinitate*, IV,1).

12. Alexandre Soljenitsyne, *L'Archipel du Goulag*, Paris, Seuil, 1974, p. 459-460.

13. Lucius Sergius Catilina (-108 à -62), un homme politique romain, fomenta plusieurs complots d'assassinat dans le but de prendre

le pouvoir. Augustin se réfère à cet exemple par l'entremise de l'œuvre de Cicéron, *Les Catilinaires*. Voir note 22.

14. *Les Confessions*, II, II, 3.

15. Le terme grec «maïeutique» désigne en français l'art de l'accouchement. C'est donc le métier exercé par les sages-femmes, art que la mère de Socrate pratiquait. Quand on demandait à ce dernier ce qu'il faisait comme travail, il avait coutume de répondre qu'il exerçait le même métier que sa mère. Cependant, à la différence de celle-ci, Socrate prétendait accoucher les esprits.

16. *De l'Ordre*, I, 3.

17. Dans les *Confessions,* deux passages évoquent cette ascension. Il s'agit de l'extase d'Ostie au livre VIII, ainsi que de la quête et de l'ascension intérieure au livre X.

18. «C'est finalement par rapport à l'ultime objet de la recherche que – conformément à l'anthropologie augustinienne qui met l'*intellectus* tout au sommet de l'âme – le sage trouve sa place comme «médiateur de vérité».» Voir André Mandouze, *Saint Augustin, l'aventure de la raison et de la grâce*, Paris, Études augustiniennes, 1968, p. 272.

19. Plus exactement, Augustin renvoie à l'image d'une mosaïque dont «la réunion ingénieuse des divers ornements forme un tout d'une éclatante et admirable beauté». Voir *De l'Ordre*, I, 2.

20. Augustin veut montrer ici qu'il y a une adaptation remarquable et étonnante des sens aux objets tangibles. Cette correspondance révèle l'ordre dans la nature, la place de l'homme dans cet ordre et la marque du Créateur. On voit cela souligné plus explicitement dans la réflexion sur la Trinité : «L'âme intellectuelle a été faite de telle sorte que dans les choses intelligibles selon l'ordre naturel, elle voit les choses qui s'enchaînent les unes aux autres, dans une sorte de lumière incorporelle de la même nature qu'elle ; de façon identique à l'œil du corps qui voit les choses placées autour de lui dans la lumière corporelle dont il est capable de recevoir l'impression et pour laquelle il a été créé » (*De Trinitate*, XII, XV, 24). Cela lui sert aussi à mettre en lumière une échelle naturelle des biens : les biens inférieurs (tangibles), les biens intermédiaires (mixtes), les biens supérieurs (intangibles). Sur la façon de présenter cette hiérarchie des biens,

nous reproduisons ici cet autre passage éloquent du traité sur la Trinité : «Encore une fois, vois, si tu peux. Tu n'aimes, à coup sûr, que ce qui est bon. Une terre s'élevant en montagnes ou s'abaissant en collines et en plaines est bonne ; un domaine agréable et fertile est bon ; une maison construite selon des proportions régulières, vaste et inondée de lumière est bonne ; les animaux sont bons avec leur corps plein de vie ; l'air que l'on respire, doux et tempéré, est bon ; une nourriture savoureuse et saine est bonne ; la santé exempte de douleur et de fatigue est bonne ; un beau visage régulier dans ses traits portant l'empreinte de la bonne humeur et animée de vives couleurs est bon ; un cœur d'ami aussi aimable par sa noblesse d'esprit que fidèle dans son affection est bon. Les hommes, agissant selon la justice sont bons ; les richesses, parce qu'elles sont utiles sont bonnes ; le ciel orné d'un soleil, d'une lune et d'étoiles est bon ; les saints anges messagers de docilité sont bons ; le langage plein de doux enseignements et de sages avertissements est bon ; la poésie au rythme si harmonieux, aux pensées si profondes est bonne. Que dire de plus ? Oui, ceci est bon et cela encore, mais ôte ceci et cela et vois le bien en lui-même. Si tu peux, alors tu verras Dieu, le bien lui-même, bon non par association, mais bien de tout bien.

Dans tous ces biens que j'ai énumérés, ou qui peuvent s'offrir à la vue et à la pensée, nous ne pourrions, en jugeant sainement, dire l'un supérieur à l'autre si nous n'avions, déjà imprimée au-dedans de nous, la notion du bien lui-même. Grâce à elle, nous déclarons une chose bonne et nous préférons tel bien à tel autre. C'est ainsi qu'il faut aimer Dieu ; non pas tel ou tel bien, mais le bien lui-même. Car il faut chercher le bien de l'âme, non un bien qu'elle effleure en passant, mais celui auquel elle s'attache avec amour et selon sa nature. Quel est ce bien, sinon Dieu ? Il ne s'agit pas de la raison bonne, de l'ange bon, du ciel bon, mais du bien bon. Un exemple fera peut-être mieux comprendre ce que je veux dire. Quand j'entends parler d'une âme bonne, il y a là deux expressions, et à ces expressions se rattachent à deux idées : l'une concerne l'âme, l'autre concerne la bonté. Pour être âme, l'âme elle-même n'a rien fait, car il n'y avait rien en elle qui pouvait causer son existence. Mais pour être bonne, je vois sa volonté agir. Non que le seul fait d'être âme ne soit pas déjà quelque chose de bon – autrement pourquoi la dirait-on, et avec toute raison, meilleure que le corps ?

– mais cela ne suffit pas pour qu'on la dise âme bonne, parce qu'il lui reste à agir par la volonté, pour se rendre meilleure. Si elle n'en tire pas parti, on la blâme à juste titre et on a raison de dire qu'elle n'est pas une âme bonne, car elle diffère de celle qui agit ainsi. Si celle-ci est digne d'éloges, celle qui fait autrement est nécessairement digne de blâme. Mais quand elle agit dans l'intention de devenir bonne, elle ne peut atteindre son but qu'en se dirigeant vers un objet autre qu'elle-même. Or, où se tournera-t-elle pour devenir bonne, sinon vers le bien, en l'aimant, en le désirant, en l'obtenant ? Si donc elle s'en détourne de nouveau et cesse d'être bonne, par le seul fait qu'elle se détourne du bien, à moins de conserver en elle-même le bien dont elle se détourne, elle ne sait plus où se tourner, si elle veut se convertir encore » (*De Trinitate*, VIII, 4).

21. On trouve la même tournure de phrase dans le texte de l'historien Salluste : « Sans doute craignait-il que la main et le courage ne lui engourdissent dans l'inaction et préférait-il l'acte gratuit de méchanceté et cruauté » (*L'affaire Catilina*, présentation par G. Roussel, Paris, Éditions monde 10/18, 1964, p. 38.

22. Lucius Sergius Catilina (-108 à -62) est un homme politique romain qui a fomenté plusieurs complots d'assassinat dans le but de prendre le pouvoir. Augustin se réfère à cet exemple par l'entremise de l'œuvre de Salluste (*La Conjuration de Catilina*) et de celle de Cicéron (*Les Catilinaires*). Voici comment Cicéron parle de cet homme à qui Augustin se compare : « Est-il, dans l'Italie entière, un empoisonneur, un spadassin, un voleur, un tueur à gages, un parricide, un captateur de testaments, un escroc, un débauché, un prodigue, un adultère, une femme perdue, un corrupteur de la jeunesse, qui n'avoue avoir vécu dans la familiarité de Catilina ? Quel assassinat s'est perpétré sans lui, ces dernières années ? Quelle débauche sacrilège, sans lui ? » dans *L'Affaire Catilina*, *op. cit.*, p. 127-128.

23. L'énumération faite par Augustin offre un écho à la hiérarchie des biens présentée plus haut. Cette fois-ci, il établit l'ordre inverse de l'intangible au tangible, du plus au moins noble, des réalités métaphysiques (équité et prudence) aux choses physiques (le ciel, la terre et la mer). Le tout offre un portrait de ce qui est plus digne d'être aimé et contemplé sans rien retrancher à la beauté du monde matériel. Il est à noter qu'Augustin ne cite

pas Dieu en exemple de ce qui doit être la beauté des beautés. Mais il enchaîne avec l'ombre de la beauté, l'attirance pour la malice et l'attrait qu'exerce l'interdit. Or cette attirance n'est pas à strictement parler une recherche du mal pour le mal, mais la recherche d'indépendance et d'affirmation radicale de soi au détriment de Dieu (seul véritablement indépendant). C'est pourquoi les développements ultérieurs présentent le pire des désordres, celui qui substitue l'homme à Dieu, l'imparfait au parfait. Ainsi l'ambition qui cherche l'excellence est un mal, en vertu non du désir d'exceller, mais de l'exacerbation (imitation perverse de Dieu) de ce désir.

24. Ce passage, présenté souvent comme une digression, sauf au regard de l'ordre établi par Patrice Cambronne dans la nouvelle traduction aux Éditions de La Pléiade, constitue un temps fort du texte sous l'angle de la rhétorique. En effet, l'intention d'Augustin, à l'instar de saint Paul, est de convaincre son lecteur de péché et donc de le détromper sur sa perception de sa condition existentielle. Qui peut rire de celui qui est faible sinon un faible qui se croit fort ? Qui peut rire d'un malade ? L'homme en bonne santé ? Ce serait ridicule de prétendre cela. Non, seul un malade qui refuse d'admettre sa maladie ose se moquer d'un autre malade. En conclusion, le lecteur attentif doit saisir l'occasion de sortir de sa double ignorance et comprendre qu'il est, lui aussi, un voleur. Mais en plus de cette approche platonicienne de la lucidité, Augustin, faisant l'éloge de Dieu/médecin, évoque la grâce comme agent de cette lucidité. Le croyant reçoit de Dieu le cadeau du mémorial de l'indigence personnelle et humaine, qui prédispose à la gratitude. Une des clefs de la compréhension de ce passage réside dans cette opposition entre l'homme reconnaissant et l'homme ingrat. L'ingratitude est présentée ici comme le signe d'une méprise sur la conscience de la faiblesse humaine et le discernement du lecteur est mesuré par rapport à l'une ou l'autre des attitudes suivantes. Il y a d'abord le lecteur ingrat, dont Augustin dit qu'il appartient à une «race curieuse à connaître la vie d'autrui, paresseuse à corriger la sienne […]» (*Les Confessions*, X, III, 3). Il y a aussi le lecteur lucide et reconnaissant, qui est une «âme fraternelle», discernant dans les propos d'Augustin ce que Dieu «apprend à aimer et à rejeter» (X, IV, 5). Au livre X, cette dernière catégorie de lecteurs est assimilée aux croyants véritables.

25. Pour bien comprendre ce passage, il faut le lire avec, en arrière-plan, la conception classique de l'amitié, à savoir celle d'Aristote, dont Augustin connaissait sûrement les grandes distinctions par l'intermédiaire de Cicéron. Je pense qu'Augustin met en perspective l'amitié fondée sur le plaisir (qui est le propre de l'adolescence pour Aristote) avec l'amitié enracinée dans la vertu dont il fait l'éloge au début du livre II : « Et quel était mon plaisir, sinon celui d'aimer et d'être aimé ? Mais je ne me tenais pas sous le mode d'une réciprocité d'âme à âme, là où s'ouvre la voie lumineuse de l'amitié » (*Les Confessions*, II, II, 2). Deux idées sont soulignées. Premièrement, celle que l'amitié est nécessaire, ce qui explique qu'il arrive que l'on rie tout seul mais, en vérité, le rire partagé décuple le plaisir de rire et c'est ce qui donne sa raison d'être au rire. À cet effet, Aristote dit : « L'amitié est ce qu'il y a de plus nécessaire pour vivre. Car sans amis, personne ne choisirait de vivre, eût-il tous les autres biens » (*Éthique à Nicomaque*, VIII, 1, 1155a2-3). Deuxièmement, l'idée que le plaisir immédiat et soudain est le motif suffisant qui explique le geste, car c'est la caractéristique des amis à l'adolescence, parce que « l'amitié chez les jeunes gens semble avoir pour fondement le plaisir, car les jeunes gens vivent sous l'empire de la passion, et ils poursuivent surtout ce qui leur plaît personnellement et le plaisir du moment ; mais en avançant en âge, les choses qui leur plaisent ne demeurent pas les mêmes. C'est pourquoi ils forment rapidement des amitiés et les abandonnent avec la même facilité, car leur amitié change avec l'objet qui leur donne du plaisir, et les plaisirs de cet âge sont sujets à de brusques variations. Les jeunes gens ont aussi un penchant à l'amour, car une grande part de l'émotion amoureuse relève de la passion et a pour objet le plaisir. De là vient qu'ils aiment et cessent d'aimer avec la même rapidité, changeant plusieurs fois dans la même journée. Ils souhaitent aussi passer leur temps et leur vie en compagnie de leurs amis, car c'est de cette façon que se présente pour eux ce qui a trait à l'amitié » (*Éthique à Nicomaque*, VIII, 4, 1156a30-1156b5). On peut dire enfin que saint Augustin argumente sur les méfaits de l'amitié intéressée qui détourne de faire le bien, contrairement au rôle que doit jouer l'amitié pour soutenir la volonté de bien agir, comme le prétendait Cicéron : « Ils se trompent de façon dangereuse ceux qui pensent que les passions et les forfaits de tous les genres ont libre cours en amitié : c'est pour aider les

vertus que l'amitié nous a été donnée par la nature et non pour accompagner les vices ; pour permettre à la vertu, puisqu'elle ne peut, quant à elle seule, parvenir à la perfection, de s'adjoindre et de s'associer à autrui pour y parvenir » (*De Amicitia*, XXII, 83)

26. *Les Confessions*, VI, V, 7.

27. Alexis de Tocqueville, *La démocratie en Amérique,* tome II, Paris, Gallimard, 1961, p. 21.

28. *Les Confessions* VI, VI, 6. L'analogie avec le savoir médical est un thème cher à Augustin comme il l'était pour Platon. Le passage cité ici renvoie à une idée du même type dans *L'Alcibiade* de Platon. Socrate s'inquiète de l'attitude morale de l'homme. Elle ressemble à celle d'un malade qui refuserait qu'on le soigne : « En effet, cher Alcibiade, l'homme seul ou la cité qui jouiraient d'une liberté totale pour faire ce qu'ils veulent alors qu'ils sont dépourvus du discernement, que leur arrivera-t-il selon toute vraisemblance ? Par exemple, un malade qui a la liberté de faire ce qu'il veut mais qui ne possède pas le savoir du médecin, et qui est tyrannique au point de refuser tout traitement, que deviendra-t-il ? Ne ruinera-t-il pas sa santé ? » (*Premier Alcibiade,* 134e et 135a).

29. Il s'agit des différentes lettres de saint Paul.

30. *Les Confessions*, VIII, XII, 29.

31. *Les Confessions*, VI, V, 8. Il faut noter que la minorité invoquée ici par Augustin désigne les chrétiens appartenant à l'Église.

32. *Les Confessions*, VIII, II, 4.

33. Jean Guitton, *Actualité de saint Augustin*, Paris, Grasset, 1955, p. 120 et 121.

34. *Isaïe*, 26, 8.

35. Voir *Les Confessions*, I, VII, 11. Sur la pertinence de ces réflexions, je renvoie le lecteur à un article de la revue *L'Actualité*, volume 25, numéro 9. Madame Sophie Malavoy y interroge le professeur Richard Tremblay, spécialiste de psychoéducation à l'Université de Montréal. Celui-ci affirme que ses recherches donnent raison à Augustin contre Rousseau : « Au début, il me semblait que ma vision [celle posant que l'être humain est délinquant au berceau]

était nouvelle et que la psychologie s'était jusque-là fourvoyée. Depuis, j'ai appris que le philosophe et théologien saint Augustin avait fait sur les petits romains de son époque, il y a 1 600 ans, les mêmes observations que nous en ce qui concerne l'agressivité des très jeunes enfants. J'ai été estomaqué. D'ailleurs, j'ai ensuite découvert que c'est en réaction à saint Augustin et à son idée du péché originel que Jean-Jacques Rousseau a écrit que l'homme naissait bon. Mais, en voulant réagir à ce qu'était devenu l'Église catholique, il a jeté le bébé avec l'eau du bain.»

36. Pour bénéficier d'études philologiques pertinentes au sujet de la structure et de la finalité des *Confessions*, on consultera l'ouvrage de Serge Lancel, *Saint Augustin, op. cit.,* p. 296 à 304.

37. Voir *Rétractations,* II, 6. Ce traité des *Rétractations,* comme son nom l'indique, contient les propos qu'Augustin souhaite retirer ou modifier. C'est un second regard de l'auteur sur son œuvre. Il s'agit d'une source précieuse que le lecteur a intérêt à consulter avant de lire le texte intégral.

38. *Les Confessions*, X, III, 3.

39. Dans mes cours d'introduction à la pensée augustinienne, je commence toujours par la lecture de ce livre. Sur le plan pédagogique, j'y vois l'avantage de présenter les concepts de base qui permettent de mener à bien l'analyse du contenu des autres livres.

40. Voir *Les Confessions*, X, VIII, 12.

41. Cette expression est empruntée à Paul Ricœur dans son livre : *La mémoire, l'histoire et l'oubli*, Paris, Seuil, 2000, p. 116.

42. Sophocle, *Antigone*, Le Livre de poche, traduction des Belles Lettres, 1991, p. 21 et 32.

43. *Du Libre Arbitre*, II, 29.

44. *Les Confessions*, II, IV, 9.

45. *Cf. Romains*, 7, 14 à 20

46. *Les Confessions*, II, VII, 15.

47. *Idem.*

48. Peter Brown, *La vie de saint Augustin*, Paris, Seuil, 1971, p. 204-205.

49. Voir dans l'ouvrage de Paul Ricœur, *La mémoire, l'histoire et l'oubli* (*op. cit.*), le passage sur le pardon difficile (p. 593 à 656) ; on y trouve de beaux développements sur le phénomène de la mémoire comme acte de reconnaissance.

50. Anaximène est un philosophe présocratique de l'école milésienne. Il proposait l'air à titre de substance primordiale. Il affirmait même que les dieux provenaient de l'air. C'est ce que dit Augustin dans *La Cité de Dieu* : « Anaximène attribua toutes les causes des êtres à l'air infini. Sans nier les dieux ni les passer sous silence, il n'a pas cru cependant que l'air a été fait par eux, mais qu'ils sont eux-mêmes issus de l'air », *La Cité de Dieu*, VII, 2.

51. Il est intéressant de mettre ces développements en parallèle avec les réflexions de Platon sur la connaissance de soi dans le *Premier Alcibiade*. Voir précisément l'argumentation de Socrate dont la conclusion est : l'homme, c'est l'âme : *Premier Alcibiade*, 127c à 132a.

52. Les développements d'Augustin au sujet de la mémoire senblent parfois laborieux, mais son objectif principal poursuit une mise en valeur de l'esprit humain en s'appuyant sur le rôle la mémoire dans l'acte de connaître.

53. C'est ce passage auquel Pétrarque se réfère dans sa lettre à Denis Robert (voir plus loin).

54. Augustin emprunte ces distinctions à l'historien Varron.

55. Dans les développements suivants, Augustin établit une distinction entre les « nombres nombrés », c'est-à-dire ceux par lesquels nous comptons les objets distincts dans le monde extérieur, et les « nombres nombrants », c'est-à-dire les nombres en tant qu'idées dans notre intelligence. Augustin est conscient de la subtilité de la distinction et de son caractère inusité pour le lecteur. C'est pourquoi, à la fin de la réflexion, il demande de ne pas se moquer de lui.

56. Dans tous ces développements sur l'origine des souvenirs, il pourrait être facile de penser qu'Augustin entérinait la position platonicienne de la réminiscence. Ce serait une erreur de le croire et il s'en défend en commentant un passage du *Ménon* :

« Platon, cet illustre philosophe, est parti de ce point pour établir en principe que les âmes des hommes ont vécu ici-bas avant même d'être unies à leurs corps ; d'où il concluait qu'apprendre était moins acquérir une connaissance nouvelle que d'en rappeler une ancienne. Il apporte en preuve l'exemple de je ne sais quel enfant, qui, interrogé sur la géométrie, répondit comme un homme compétent dans cette science. Questionné graduellement et d'une manière habile, il voyait ce qu'il fallait voir et disait ce qu'il avait vu. Mais si ce n'était là qu'une réminiscence de choses autrefois connues, tous, ni même la majorité ne seraient pas capables de répondre à des interrogations de ce genre ; car tous n'ont pas été géomètres dans leur vie antérieure, puisqu'il y a si peu de géomètres parmi les hommes qu'en trouver un est une rareté. Il faut plutôt croire que la nature de l'âme intelligente est telle que, d'après le dessein du Créateur, elle découvre tout ce qui se rattache naturellement aux choses intellectuelles, au moyen d'une certaine lumière immatérielle spéciale, sui generis, de la même manière que l'œil de la chair voit ce qui l'entoure à l'aide de cette lumière matérielle qu'il peut recevoir et pour laquelle il a été organisé. Car s'il n'a pas besoin de maître pour distinguer le blanc et le noir, ce n'est pas parce qu'il les a connus avant d'être créé dans le corps. En outre, pourquoi est-ce seulement dans les choses intellectuelles qu'il arrive de voir quelqu'un répondre conformément à une science qu'il ignore ? Pourquoi personne ne le peut-il pour les choses sensibles, à moins de les avoir vues de ses propres yeux, ou de s'en rapporter à ceux qui les ont connues et en ont écrit ou parlé ? » (*De Trinitate*, XII, 24).

57.   Le problème du temps pour Augustin s'enracine dans celui de la création et, plus précisément, dans la question de savoir ce qu'il pouvait y avoir « avant » la création. Que faisait Dieu avant de faire le ciel et la terre ? Il ne faisait rien avance Augustin. Il cherchera à démontrer l'incohérence de poser l'antériorité de la temporalité sur l'acte du créateur. Il présente le temps comme une créature. Cette réflexion d'Augustin, toujours actuelle, est reprise par l'astrophysique contemporaine comme en a témoigné Stephen Hawking : « Comme nous le verrons, le concept de temps n'a aucun sens avant la naissance de l'univers. Cela fut remarqué pour la première fois par saint Augustin » (Stephen

Hawking, *Une brève histoire du temps*, Paris, Flammarion, 1988, p. 26).

58. Augustin distingue clairement ici la prévision de la prophétie. La première est une anticipation à partir de ce que l'on connaît déjà. C'est le cas des signes précurseurs du lever du soleil. La seconde est une révélation directe de Dieu au prophète. Augustin reconnaît le caractère mystérieux du phénomène qui échappe au contrôle de la raison.

59. On ne sait pas de qui il s'agit.

60. Augustin développe ici une argumentation contre la thèse affirmant que le temps se confond avec le mouvement. Cette position est une réduction un peu simpliste des idées soutenues par Aristote.

61. Augustin fait référence à la victoire des Israélites sur les Amorites dans la conquête de la terre promise. À la demande de Josué, Yahvé consent à suspendre la marche du soleil : « C'est alors que Josué s'adressa à Yahvé, en ce jour où Yahvé livra les Amorites aux Israélites. Josué dit en présence d'Israël : "Soleil, arrête-toi sur Gabaôn, et toi, lune, sur la vallée d'Ayyalôn !" Et le soleil s'arrêta, et la lune se tint immobile jusqu'à ce que le peuple se fût vengé de ses ennemis. Cela n'est-il pas écrit dans le livre du Juste ? Le soleil se tint immobile au milieu du ciel et près d'un jour entier retarda son coucher. Il n'y a pas eu de journée semblable, ni avant ni depuis, où Yahvé ait obéi à la voix d'un homme » (*Josué*, 10, 12 à 14).

62. Augustin fait référence à la « double ignorance » platonicienne.

63. L'expression latine est *distentio animi*. Le développement de la pensée d'Augustin recourt à une métaphore qui rend compte du rapport du permanent au transitoire en posant que le temps n'est en fait qu'une espèce de distension de l'âme. Cette métaphore permet une tentative de penser le temps créé en fonction de l'éternité créatrice.

64. Arrivé au terme de sa réflexion sur le temps, Augustin, dans une envolée poétique, laisse entrevoir deux valeurs distinctives du temps : « une valeur *existentiale* (au sens heideggérien du mot), par laquelle il est un des aspects fondamentaux de l'existence

humaine, ambivalent comme cette existence elle-même ; une valeur *eschatologique*, car la médiation du Verbe autorise l'espoir d'un dépassement définitif du temps. Déjà la vie présente, quand elle est vécue dans une "tension" incessante vers cet avenir, surmonte le temps et anticipe l'éternel. Dans l'attente de l'éternité, le temps est le lieu de la liberté purifiée, de la croissance spirituelle et de l'amour » (*Les Confessions*, traduction par E. Théhorel et G. Boissou, Desclée de Brouwer, collection « Bibliothèque augustinienne », tome 2, 1962, p. 591, note).

65. Cette lettre était adressée à Darius, un magistrat influent de la cour impériale au temps d'Augustin. Ce fin négociateur obtint des Vandales une trêve qui, malheureusement, ne fut pas longue. C'est à l'occasion de cette paix, accueillie en Afrique avec joie, que les deux hommes établirent une correspondance. Cette lettre a été écrite un an avant la mort d'Augustin.

66. On ne sait pas de qui il s'agit.

67. François Pétrarque (1304-1374) est considéré comme le premier humaniste de la Renaissance. La lettre publiée ici est tirée des *Lettres familières,* livre IV, lettre 1. Il décrit son ascension du mont Ventoux en compagnie de son frère Gherardo. Cette missive est adressée depuis Malaucène, le 26 avril 1336, à Dionigi Roberti da Borgo San Sepolcro, de l'ordre de Saint-Augustin et professeur de théologie. Pétrarque l'avait rencontré trois ans plus tôt à Avignon.

68. Le mont Ventoux est situé en Provence. Son sommet de 1912 mètres offre un panorama à couper le souffle dont a su profiter Pétrarque. On le surnomme : « Géant de la Provence ».

69. Pétrarque fait référence ici à Hannibal.

70. Achéron est le nom d'un des fleuves des Enfers dans la mythologie grecque. On le qualifiait d'avare en raison du fait qu'il ne rendait pas les âmes des défunts.

71. Jean Guitton, *Le travail intellectuel*, Paris, Aubier, 1951, p. 9.

72. L'expression est de Paul Valéry.

73. Fénelon, *Lettre à l'Académie*, IV, La Pléiade, p. 1154.

Bibliographie sélective

Traductions françaises des *Confessions*

AUGUSTIN, *Les Confessions*, traduction par E. Théhorel et G. Boissou, Paris, Desclée de Brouwer, collection «Bibliothèque augustinienne», 2 tomes (texte latin/français), 1962.

AUGUSTIN, *Les Confessions*, traduction par Louis de Mondadon, présentation par André Mandouze, Paris, Seuil, 1982.

AUGUSTIN, *Les Confessions*, présentation par Philippe Sellier, Paris, Gallimard, collection «Folio», 1993.

AUGUSTIN, *Les Confessions*, traduction par Joseph Trabucco, Paris, Flammarion, 1978.

AUGUSTIN, *Les Confessions*, précédées de *Dialogues philosophiques*, sous la direction de Lucien Jerphagnon, Paris, Gallimard, collection «Bibliothèque de la Pléiade», 1998.

Ouvrages sur la vie d'Augustin

BROWN, Peter, *La vie de saint Augustin*, Paris, Seuil, 1971.

LANCEL, Serge, *Saint Augustin*, Paris, Fayard, 1999.

Ouvrages en lien avec la lecture des *Confessions*

DEPARDIEU, Gérard et MANDOUZE, André, *Lire saint Augustin*, Paris, Desclée de Brouwer, 2004.

RICHARD, Louis-André, *Prends et lis : initiation à la pensée augusti-nienne et présentation des* Confessions, Québec, Éditions Anne Sigier, 2004.

Table des matières

S | **MARQUIS**

MEMBRE DU GROUPE SCABRINI

Québec, Canada
2007